川畑直人・大島剛・郷式徹［監修］
公認心理師の基本を学ぶテキスト

14

心理的アセスメント

適切な支援のための道しるべ

大島 剛・青柳寛之［編著］

ミネルヴァ書房

公認心理師の基本を学ぶテキスト
監修者の言葉

　本シリーズは，公認心理師養成カリキュラムのうち，大学における必要な科目（実習・演習は除く）に対応した教科書のシリーズです。カリキュラム等に定められた公認心理師の立場や役割を踏まえながら，これまでに積み上げられてきた心理学の知見が，現場で生かされることを，最大の目標として監修しています。その目標を達成するために，スタンダードな内容をおさえつつも，次のような点を大切にしています。

　第一に，心理学概論，臨床心理学概論をはじめ，シリーズ全体にわたって記述される内容が，心理学諸領域の専門知識の羅列ではなく，公認心理師の実践を中軸として，有機的に配列され，相互連関が浮き出るように工夫しています。

　第二に，基礎心理学の諸領域については，スタンダードな内容を押さえつつも，その内容が公認心理師の実践とどのように関係するのか，学部生でも意識できるように，日常の生活経験や，実践事例のエピソードと関連する記述を積極的に取り入れています。

　第三に，研究法，統計法，実験等に関する巻では，研究のための研究ではなく，将来，公認心理師として直面する諸課題に対して，主体的にその解決を模索できるように，研究の視点をもって実践できる心理専門職の育成を目指しています。そのために，調査や質的研究法の理解にも力を入れています。

　第四に，心理アセスメント，心理支援をはじめとする実践領域については，理論や技法の羅列に終わるのではなく，生物・心理・社会の諸次元を含むトータルな人間存在に，一人の人間としてかかわる専門職の実感を伝えるように努力しています。また，既存の資格の特定の立場に偏ることなく，普遍性を持った心理専門資格の基盤を確立するよう努力しています。さらに，従来からある「心理職は自分の仕事を聖域化・密室化する」という批判を乗り越えるべく，多職種連携，地域連携を視野に入れた解説に力を入れています。

第五に，保健医療，福祉，教育，司法・犯罪，産業といった分野に関連する心理学や，関係行政の巻では，各分野の紹介にとどまるのではなく，それぞれの分野で活動する公認心理師の姿がどのようなものになるのか，将来予測も含めて提示するように努力しています。

　最後に，医学に関連する巻では，心理職が共有すべき医学的知識を紹介するだけでなく，医療領域で公認心理師が果たすべき役割を，可能性も含めて具体的に例示しています。それによって，チーム医療における公認心理師の立ち位置，医師との連携のあり方など，医療における心理職の活動がイメージできるよう工夫しています。

　心理職の仕事には，①プロティアン（状況に応じて仕事の形式は柔軟に変わる），②ニッチ（既存の枠組みではうまくいかない，隙間に生じるニーズに対応する），③ユビキタス（心を持つ人間が存在する限り，いかなる場所でもニーズが生じうる），という3要素があると考えられます。別の言い方をすると，心理専門職の仕事は，特定の実務内容を型通りに反復するものではなく，あらゆる状況において探索心を持ちながら，臨機応変に対処できること，そのために，心理学的に物事を観察し理解する視点を内在化していることが専門性の核になると考えます。そうした視点の内在化には，机上の学習経験と「泥臭い」現場の実践との往還が不可欠であり，本シリーズにおいては，公認心理師カリキュラムの全科目において，学部生の段階からそうした方向性を意識していただきたいと思っています。

　公認心理師の実像は，これから発展していく未来志向的な段階にあると思います。本シリーズでは，その点を意識し，監修者，各巻の編集者，執筆者間での活発な意見交換を行っています。読者の皆様には，各巻で得られる知識をもとに，将来目指す公認心理師のイメージを，想像力を使って膨らませていただきたいと思います。

　　2019年2月

　　　　　　　　監修者　川畑直人・大島　剛・郷式　徹

目　次

公認心理師の基本を学ぶテキスト　監修者の言葉

序　章　まず理解をすること，そして援助が始まる

第Ⅰ部　心理的アセスメントの目的および観点

第1章　心理的アセスメントの見取り図

第2章　何を知ろうとするのか

序　章　　まず理解をすること，
　　　　　そして援助が始まる

1　はじめに

「人が人を深く理解しよう」とするのは，人間が社会的動物である所以かも
しれない。そして心理学の領域では，人間が持つ心のありようについて，様々
な方面から研究が行われ，その成果が大いに利用されている。心理臨床の世界
では，このような人への理解が，支援が必要な人たちに対して有用な心理的な
アセスメント（査定）を行い，必要な援助をすることにつながる。

公認心理師法第2条には，公認心理師は，保健医療，福祉，教育その他の分
野において，心理学に関する専門的知識及び技術をもって，以下の業を行うこ
とと示されている。

一　心理に関する支援を要する者の心理状態を観察し，その結果を分析する
　　こと。

二　心理に関する支援を要する者に対し，その心理に関する相談に応じ，助
　　言，指導その他の援助を行うこと。

三　心理に関する支援を要する者の関係者に対し，その相談に応じ，助言，
　　指導その他の援助を行うこと。

四　心の健康に関する知識の普及を図るための教育及び情報の提供を行うこ
　　と。

この一に書かれている部分が，心理的アセスメントに該当すると考えられる。つまり公認心理師にとって，心理状態を観察し，分析することは，次の二，三にあるような助言，指導その他の援助につなげていく重要な業である。公認心理師にとって前者も後者も体得するべき重要な専門的技術である。ただし，その職域や役割によってどちらかの技術をより深化させていく必要が生じる。つまり，公認心理師は心理的アセスメントに重点を置いて活動する役割と，心理療法などを駆使して支援を行っていくことを目的とする役割に大別することができよう。もちろん，それぞれの役割の中でも心理的アセスメントのみを純粋に取り扱うわけではなく，支援をする役割においても自ら心理的アセスメントを行わずに活動することは不可能であろう。保健医療，福祉，教育，司法，産業の多岐にわたる領域の中で，その役割や置かれた立場，遂行する目的によって心理的アセスメントが異なった特色を持っていくことになる。

2　児童相談所の心理的アセスメント

　筆者は長年**児童相談所**の心理判定員（現・児童心理司）としてこの業に従事してきたので，ここでは福祉領域を例に挙げて心理的アセスメントについて説明をしていこう。
　福祉領域で活躍する心理専門職で最も長い歴史と伝統があるのが，1947年に制定された児童福祉法第12条（現在は第12条の3第5項）にある児童相談所の判定を司る所員（**児童心理司**）である。児童相談所は図0-1に示したような運営業務を行っており，図の中央付近にある「**心理診断**」を主たる業務としていた。その他の「診断」は児童福祉司による**社会診断**，医師による**医学診断**，一時保護所の児童指導員・保育士による**行動診断**，OT・PTなどによるその他の診断を重ね合わせて対等に合議して，実際の援助につなげていく（図0-1）。児童心理司ももちろん援助業務にある，措置によらない指導の「**助言指導**」や「**継**

→ 1　公認心理師の立場からは「診断」という用語ではなく「見立て」などの用語を使用するが，児童相談所の運営指針では「診断」が使われている。

2

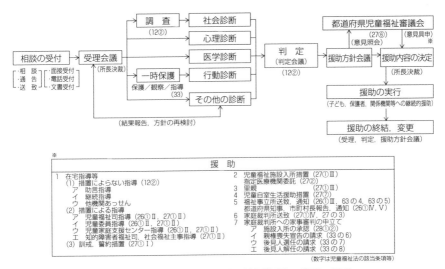

図 0-1　児童相談所における相談援助活動の体系・展開

（出所）厚生労働省（2005）

続指導」（図 0-1）によってカウンセリングやプレイセラピーをしていたり，各施設に訪問したりすることはあるが，それは児童相談所外の機関や施設につなげていくことも多い援助の全体から見れば，ごく一部の業務である。このため，児童心理司はやはり心理判定（診断）業務の重要度が高くなっている。以前は児童心理司ではなく，心理判定員と称しており，この名称からも心理的アセスメントにより特化した職種であるといえよう（大島，2008）。

　児童心理司は，知能・発達検査，人格検査などの心理検査を駆使して，主に対象となる児童に対してアセスメントを行う。各児童相談所で使われる検査の種類はまちまちであり，司法領域に比べるとバラエティーに富んでいる（大島・山野，2009）。知能・発達検査を例にとっても，会計年度職員，非常勤職員が行っていることも多い，業務として比較的単純な**療育手帳**判定であっても，関西では新版 K 式発達検査を多く使用するのに対し，それ以外の地域は田中ビネー式知能検査その他を使用している実情がある。人格検査（質問紙法，投映法）においても児童を対象とできる心理検査に限定されるが，その児童相談所

でよく使われる心理検査，ひいてはその児童心理司が好んでよく使う心理検査の特徴というのも存在している。またその地方で多く採用される児童心理司の出身大学・大学院の専門性のカラーというものもあるかもしれない。つまり，児童相談所が国立ではなく，都道府県立（現在は政令指定都市立，中核都市立も含む）であり，それぞれの地方の実情に合わせた実践の蓄積が脈々とつながり，地方色が色濃く残っている表れでもある。

　そして心理的アセスメントには，心理検査を実施するだけではなく，当然，「**面接**」および「**観察**」も含まれる。しかし，面接は児童福祉司の業務である「社会診断」（図 0-1）の主たる方法であり，観察は一時保護職員の「行動診断」（図 0-1）の同じく主たる方法である。これらをそれぞれの職種と協働して，心理的な要素を抽出する場合もあるが，それぞれの職員が専門性を駆使して得た情報を，心理検査から得られた結果と組み合わせながら行っていくことも「心理判定」員の業務であり，児童相談所における心理的アセスメントであろう。

　このために，児童相談所の規模や協働のあり方にはその地方の児童相談所の特色が大いに反映されている。心理検査業務中心となるところや，**親子合同面接**の場に入ったり，児童福祉司と施設や学校を訪問したりするフィールドワークの機会に恵まれているところ，医師が常駐して医学診断にふれる機会が多いところ，一時保護所が併設されていて子どもたちの生の日常生活や集団行動が観察できるところ等，それぞれの児童相談所の構造によって心理的アセスメントの幅や深み，カラーが異なってくる。

3　心理的アセスメントの2つの立場

　先に述べたように，心理的アセスメントの業務にも2つの立場を考えることができる。一つは**援助方針**を決定するための心理的アセスメントであり，前節で紹介した児童相談所の児童心理司（心理判定員）の中心的業務である。もう一つが，今後行われることが想定された援助方法を適切に運用するための心理

的アセスメントである。この立場は一般の臨床心理学関連の相談機関，特定の心理療法を中心に行っている相談室などで当たり前に行われているものである。

　一方，児童相談所にも心理に関する専門的な知識および技術を必要とする指導をつかさどる所員という職域が加えられている。児童養護施設等の**心理療法担当職員**と通ずるものがあるのだが，児童相談所においても公認心理師の業の二，三に該当する内容を行うためのものであろう。

　昨今，児童相談所では**虐待対応**および**発達障害**への相談援助が最重要課題となっている。そこには**トラウマ治療**，**性加害プログラム**，**ペアレントトレーニング**，**ソーシャルスキルトレーニング**など，往年の**プレイセラピー**や**箱庭療法**などのオーソドックスな心理療法的アプローチ以外の援助方法が広がってきている。このような特殊な援助を行うには，その心理療法を適切に遂行するためのアセスメントをする必要性が出てきている。

　ただし，児童相談所によるが，児童心理司がこの専門的な知識および技術を必要とする指導をつかさどる所員を兼ねて行っている場合も多いと推測される。つまり児童相談所の児童心理司も2つの立場を使いこなす場合が増えてきていることになり，このことが心理的アセスメントをする能力の厚みを増やしていくことになる。そしてそれぞれが児童心理司の個人の資質のスキルアップとなり，専門的個性の形成にもつながっていく。

4　各領域における心理的アセスメントの特色

　児童相談所の児童心理司を例に挙げて，心理的アセスメントのあり方について説明してきた。翻って，児童相談所以外の職域や領域ではどうであろうか。心理士が置かれた環境と遂行する目的をそれぞれの実情に合わせて，心理的アセスメントの方法や立ち位置を考えていくことで，おのずとそのミッションが見えてくる。

　医療保健領域では，病院などで医師とともに治療を前提とする援助を行っていくため，医師の診断および治療との密接な結びつきがあるものになり，そこ

には医師からの心理検査に関するオーダーも入ってくる。また依存症などのリハビリテーション施設などでは，ソーシャルワーカーと連携した心理的アセスメントが必要となる。**乳幼児健診**などを行う**保健領域**では，心身の健康はもとより「**発達**」という視点が中心となるために発達検査は必須となっていく。

　教育領域においては，**スクールカウンセラー**は学校内で心理検査をすることは多くない分，面接や行動観察による心理的アセスメントから，対象の児童，生徒やその家族への援助を考えていくこととなる。一方で教育センターなどでは知能・発達検査や障害に関する心理検査を行って，学校教育を側面から支援していく。

　司法領域においては，少年鑑別所の**法務技官**は，児童心理司と同様に心理検査を通し，**家庭裁判所調査官**の情報と合わせて，少年審判の判断材料とする。刑務所では受刑者などの精神状態を把握する場合もあろう。警察関係では**被害者支援**の観点から心理的アセスメントが必要となる。

　産業領域では，**産業医**や**保健師**，**ソーシャルワーカー**などと連携して精神衛生の問題にあたる場合もあるが，面接による心理的アセスメントが中心となる。また義務化されている**ストレスチェック**の情報からも心理的アセスメントにつなげていくことになろう。障害者の就職支援に関しては様々な適性検査を利用する場合もある。

　これらのそれぞれの領域では，ここで述べた以上に様々な心理的アセスメントが存在すると思われる。固定的に考えるのではなく，柔軟性を持った広い視点のアセスメントが必要である。

5　序章のまとめ

　本章では心理的アセスメントの具体的な内容ではなく，そのあり方や立ち位置について概観してきた。公認心理師が活躍する 5 領域においても，その機関や施設の目的とする業務，その中での役割，多職種との連携のあり方によって，心理的アセスメントの方法は異なってくる。どの心理検査を採用するのか，ど

のように**テストバッテリー**を組むのかなど，心理検査をアセスメントの中心に
置く場合であっても，アセスメント自体が目的となる立場と，想定される支援
（心理療法など）を円滑に適切に進めていくための限定的なアセスメントを行
う立場によって，その内容は大きく異なってくる。また，心理検査を十分に行
えない領域では，面接，行動観察による心理的アセスメントが心理検査の代わ
りとして中心となってくるであろう。これは領域による他職種との協働によっ
て，視点や力点，方法が変わることでもある。

　しかし，どこでどのような業務をどのようにこなすにしても，最終的には心
理士個人の特性に合わせた，効率のよい武器となる心理的アセスメントの方法
とそのメカニズムの理解を体得していくことで，臨床的専門性がおのずと高ま
り，どの領域のどの立場となっても，臨機応変に所与の業務を遂行できるよう
になっていく。

6　本書の構成

　最後に，本書の構成を説明し，各章でどのようなことが述べられているのか
を簡単に説明しよう。

　第Ⅰ部では，「心理的アセスメントの目的および観点」と題して，もともと
臨床心理学で用いられている知見をベースにして展開している。前節で述べた
心理療法を前提とする心理的アセスメントを例に展開しているが，臨床心理を
専門とする者として当然身につけておくべきことを概説している。

　第1章では，「心理的アセスメントの見取り図」という章題で，古典的な心
理療法における心理的アセスメントを例として紹介しながら，臨床心理の根本
的で重要な部分を解説している。

　第2章では，「何を知ろうとするのか」という章題で，初回面接の留意点を
例に挙げて解説している。心理的アセスメントの対象について心理士たるもの
のクライエントに対する姿勢と，面接のポイントを解説している。心理検査以
外のアセスメントの部分として重要な視点である。

第3章では，「どのように知ろうとするのか」という章題で，初回面接以降の見立てに関しての方法を解説している。面接で得られる重要なエッセンスと心理検査で得られるものをいかに融合させて見立てをしていくのか，ある種の古典的な方法であるが，重要な本質を逃さない方法を示している。

　第Ⅱ部では，「心理的アセスメントの方法」として，心理検査に焦点を当てて各論を展開している。心理的アセスメントの代表的な内容でもある。

　第4章は，心理検査の中で各領域において使用頻度が高い「知能・発達検査」について解説している。昨今，発達障害の認識が隆盛であり，社会的関心が大いに高まってきている。そのために知能・発達検査の精度も高められ，より詳細な臨床像が把握できるようになり，援助の厚みが増加してきている。

　第5章は，「人格検査」について，質問紙法と投映法という検査法の2つの視点を中心に置きつつ，その留意点を解説している。

　第6章は，病院臨床の中核となる精神科医療領域で必要な**症状評価**や**診断面接**の重要なポイントを解説しながら，病院臨床の心理的アセスメントの重要な部分を論じている。

　第7章は，病院臨床において脳機能の状況を把握するための「**神経心理検査・認知機能検査**」を詳細に紹介している。**高次脳機能障害**や**認知症**の問題において，その心理的アセスメントに欠かせない特異的な心理検査や事例も含めて解説している。

　第Ⅲ部は，公認心理師の5領域それぞれの心理的アセスメントについて，そこで働くという実務実践的な視点から，事例を用いながら解説している。各章で取り扱っている内容は領域の一部である場合が多いが，それぞれの領域で働くことに関してイメージを持ちやすいような事例も加えて紹介している。

　第8章は，総合病院におけるチーム医療も念頭に置いた病院臨床について，第9章は児童福祉現場について児童相談所職員の立場から，第10章は学校場面についてスクールカウンセラーの立場から，第11章は犯罪や少年非行の現場における認識や理解について，第12章は企業などの産業・労働領域における実践について解説している。

　最後に第13章は，各論から視点を変え，心理支援という意味を提起しながらその活用について解説している。

　心理的アセスメントの領域は幅広く多岐にわたるために，十分に網羅できてはいない。しかし，本書の内容を見てもらえれば，たんなる知識の伝達ではなく，心理士として重要な観点や立場，他職種との協働についての理解が得られるのではないかと考えている。心理学的な人間理解と社会環境の中の心理士としての自分の位置づけを大局的に俯瞰しながら，その与えられた職場におけるミッションについて，いかに普遍的かつ個性的に実のある心理的アセスメントを行えるかが，これから心理士として成長していくための肝となるように思える。

引用文献

厚生労働省（2005）．児童相談所の運営指針について　https://www.mhlw.go.jp/bunya/kodomo/dv-soudanjo-kai-zuhyou.html（2023年 2 月12日閲覧）

大島　剛（2008）．児童相談所　下山　晴彦・松澤　広和（編）実践心理アセスメント（pp. 81-87）　日本評論社

大島　剛・山野　則子（2009）．児童相談所児童心理司の業務に関する一考察　人間福祉学研究（関西学院大学人間福祉学部），*2*，19-33.

第Ⅰ部

心理的アセスメントの目的および観点

第1章　心理的アセスメントの見取り図
——どこから始め，ゴールをどう考えるか

> 　「アセスメント」は，一般的には評価や査定と訳される言葉である。「心理的アセスメント」となると，要支援者の状態や心理的課題を「評価・査定」するわけだが，この過程は公認心理師の仕事の中でも重要な位置を占めている。自分が行っていることの現在地と目標地点を把握し，それを目の前の要支援者，関係者，協働する人たちに説明することが，心理的支援を行ううえできわめて重要だからである。
> 　この章では，「心理的アセスメント」がどのような範囲の内容を含むのかについて概観する。心理的アセスメント全体の「見取り図」のようなものと思っていただきたい。また，心理的アセスメントを行う際に心に留めておきたい倫理についてもふれている。

1　心理的アセスメントとは

　一口に心理的アセスメントといっても，臨床の領域や学派により様々なバリエーションがあり，全体的なイメージをつかむのはなかなか難しい。まずは中心的な部分から出発したい。

　はじめに，心理的アセスメントについて最初の手がかりとなる説明を試みると，次のようなものが可能である。「心理的支援を行う際，要支援者（や関係者）との人間関係に十分注目しながら，その状態や**心理的課題**についての情報収集を行い，当面どのように支援を進めるかという方針のもととなる作業仮説

を構想していく過程」である。

　まずはこの説明をもとに心理的アセスメントを説明していきたい。

　支援者が情報を得る当面の相手は「支援を要する者（要支援者）」であることが多いが，（本人了解のもと）家族等の関係者からも情報を得る必要がある場合もある。要支援者が十分に自身の状況を説明できなかったり，非常に偏った見方や説明をしている場合などがそれにあたるであろう。

　「人間関係に十分注目しながら」としたのは，要支援者との間に形成される人間関係のあり方次第で得られる情報が質・量ともに違ってくることもあるが，何より支援者が，形成される人間関係の当事者であることに注目したいからである。アメリカの精神科医サリヴァン（Sullivan, 1954 中井他訳 1986）はこの点をさらに強調して，（精神医学のデータは）「**関与的観察（関与しながらの観察）**をとおしてのみ獲得できるものである」（括弧内は引用者）として「目下進行中の対人作戦に巻き込まれないわけには行かない」といっている。要支援者との間に形成される人間関係のあり方を把握するには，支援者はその当事者として要支援者に情緒的に動かされながら，それに気づいていく必要がある。

　「情報収集」という言葉には，断片的な情報を束にして集めるようなイメージがあるが，ここでは少し異なり，相手の心理的な課題について，ある程度まとまりのある構図を描くことを目指して，個々の情報を様々な文脈の中に仮に置いてみて，妥当性を検討するといった作業を指している。

　「作業仮説」とは，「問題をこんな風にとらえるとしたら，支援の方針はこうなる」という，文字通り作業の方針を導くための仮説である。「仮のもの」というニュアンスが強く，（発言や介入などの）作業をしては修正することが想定されている。仮説的モデルの構想には，様々な学派の**心理的課題**や病理についての理論が用いられる。また，仮説が立てられる部分（わかる部分）とわからない部分をはっきりさせ，分けていく作業も重要である。

　「構想」という言葉には，支援者が意識的な作業として「あえて作る」といったニュアンスを含ませている。支援者は面接から得られる膨大な情報をもとに，たんに収まるべきカテゴリーを決めればよいというものではなく，一枚の

絵を描いたり，筋（ストーリー）を「組み立てる」ようにアセスメントを構想する作業が求められ，それには相当の意識的努力が必要である。

　以上が心理的アセスメントの中心部分についての説明である。冒頭で述べたように，これには様々なバリエーションがあるので，次にそれについて述べていきたい。

2　心理的アセスメントの流れ

2-1　支援方法の選択についてのアセスメント

　支援方法の選択についてのアセスメントとは，ある要支援者にとって，どのような心理的支援が適切なのか，心理的支援の適否を含めた大枠についてのアセスメントである。当然のことだが，継続的なカウンセリングや心理療法が，いつも適切な選択とは限らない。心理療法よりも情報提供やガイダンスがふさわしい場合もある。さらに話を深めていく前に，心理検査を施行するのが適切な場合もある。同様に，環境から受けるストレスを緩和することを目指して（仕事や課題の分量を調整するなどの）**環境調整**を行うこともある。また，医療機関など，よりふさわしい他の機関につなぐことが適切な場合もある。カウンセリングよりも**生活支援**が必要な場合もあるだろう。学校関係の支援では，**修学支援**がまず必要となることもある。最も重要なのは**危機介入**であろう。自殺企図など生命の危険が差し迫っている事態で，まずはその事態について限局的なアセスメントを行い，当面の危機に絞って対応することになる。

　ここまでの説明からわかるように，心理職が働く臨床の現場のあり方により，支援を求める者のバリエーションの幅は大きく異なる。幅が大きい現場ほど，心理療法の前段でのアセスメント，つまり支援の方法を決めるアセスメントが重要になってくる。その際心理職として重要なのは，上記のような対応をすることが要支援者の心理的課題に対してどのような意味をもつか，十分考慮することである。要支援者の求めに応じて，すぐに現実的対応を行わない方がよいこともある。

　支援法が選択されると，今度はその支援を行ううえでのアセスメントが必要になる（2段階に分けてアセスメントを行うというよりも，始めから両方に目を配りながら作業を進める，という方が実際の臨床体験には近い）。選択に応じて様々な支援法についてのアセスメントが考えられる。定期的に継続する心理療法やカウンセリングを念頭に置くと，たとえば**力動的心理療法**や**認知行動療法**，**家族療法**など，学派固有のアセスメントがある。これらの内容については，心理的アセスメントの中心部分にあたるので，第3節でふれることにする。

2-2　心理検査や精神医学的診断との関係

　ここで心理検査と心理的アセスメントの関係についてふれておく。心理的アセスメントとは，複数の心理検査を行い，結果をまとめるというイメージを持っている人もいるかもしれないが，これまでの説明を理解するならば，けっしてそうではないことがわかるであろう。心理検査はある特定の領域（知的能力や精神疾患など）について最適化されたモノサシ（基準）と考えることができる。すると，まずは面接を行い，それにもとづいて特定の心理検査が必要かどうか決定するのが本来の手順であろう。その際には，実施しようとする動機や目的，その心理検査を選択した妥当性，実施するメリットとデメリットなどをよく検討する必要がある。

　実際には，事前情報から特定の心理検査の必要性が明らかな場合もある。また，病院の心理職は心理検査が主な仕事の場合もあるので，一概にはいえない部分もあるが，心理検査があくまで特定の領域のモノサシであるなら，支援全体の中での位置づけをつねに意識しておくことが必要である。

　次に精神医学的診断との関係について簡単に述べておく。現在の主流はDSM-5（アメリカ精神医学会）やICD-11（世界保健機関）などの**操作的診断体系**である。これらは医学的診断なので，心理的アセスメントを行う立場からすると，きわめて重要な情報の1つではあるが，それだけで心理的支援の方針が立つわけではない。たとえば「うつ病」という診断がついたとしても，支援法が一通りに決まるわけではない。精神医学的診断を重要な情報として念頭に置

きつつ，心理的支援を行うために必要なアセスメントを心理職としてしっかり
行うことが重要である。また，**多職種連携**の場では，精神医学的診断について
の知識は共通言語として当然の前提になるので，診断の体系と意味については
熟知しておく必要がある。

2-3　心理的アセスメントのゴール

　心理的アセスメントの目標やゴールについてもふれておこう。第1節で，心
理的アセスメントは「当面どのように支援を進めるかという方針のもととなる
作業仮説を構想していく過程」と述べた通り，まずは支援を進めるための作業
仮説を構想することが，ゴールの1つとして考えられる。

　アセスメントから支援までを同じ担当者が行う場合は，作業仮説とそこから
導かれる当面の方針を要支援者に説明し，合意を得ることがゴールとなる。こ
の過程の中で，要支援者の持つ考えとのすりあわせが行われる。この手続きは
インフォームド・コンセントと呼ばれ，要支援者の主体性を尊重するうえで，
非常に重要なプロセスである。支援の過程に入ってからは，実際の動き（変
化）に応じて作業仮説を繰り返し再検討していくことが重要である。

　一方，アセスメントを行う者と支援を行う者が異なる場合（たとえば**インテ
ーク面接・受理面接**の担当者と支援者が異なるとき）や，心理職の領域によって
は求められるのが作業仮説の報告まで，という場合もある。このようなときに
は，アセスメントを行う者が構想した作業仮説をどのように支援担当者に伝達
するかという課題が生じてくる。たとえば，支援担当者の考えや傾向をよく知
っているならば，それを前提に情報の伝達を行うことができる。一方，支援担
当者をよく知らなかったり，一般的な報告として記述することが求められるこ
ともある。この場合は，どのような相手にも誤解なく通じる，客観的で公共性
の強い部分を中心に伝達することになる。

　このように，領域や職種によりアセスメントの目標やゴールの性質は異なっ
ているが，重要なのはアセスメントの作業だけで完結すると考えずに，つねに
次の作業段階を意識することであろう。

3　心理的アセスメントの面接を行う際の一般的な着眼点

　これまでに心理的アセスメントのいわば入口と出口の説明をしてきた。ここで心理的アセスメントの中核部分（情報の収集と作業仮説の構想の部分）について説明する。項目を挙げるにとどめたところもあるが，詳しくは本書第2章・第3章を参照してほしい。また臨床の場面や，依って立つ学派によって，アセスメントの着眼点が大きく異なることをまず断っておきたい。それでも概ね共通する点を意識しながら説明していくこととする。

3-1　面接時の着眼点——何を知ろうとするのか

　はじめに，心理的アセスメントは多面的に行う必要があることを示すためによく言及される「**生物—心理—社会的**（bio-psycho-social）」**視点**にふれておきたい。「生物」は，医学を含む生物学的な視点で，主に身体の病気や特性が含まれる。「心理」は，主に個人の心理学的要因（認知，願望，動機など）が想定されている。「社会」は，個人が置かれている社会的環境や文脈を指している。つまり，心理職であっても個人の心理だけを見ればいいというわけではなく，ハードウェアとしての身体や個人が置かれる環境としての社会も考慮に入れた，包括的な視点が求められている。

①緊急性の判断

　この点については支援方法の選択の項で少しふれたが，つねに念頭に置いておく必要がある。通常，心理的支援は継続的な悩みや困難に対してある程度の時間をかけて対応していくことが多い。しかし場合によっては突然の危機的状態に対応しなければならないことがある。そのときは時間をかけて詳細なアセスメントを行うよりも，目の前にある危機的状態を収束させることを第一の目的としたアセスメントと介入を行うことになる（**危機介入**）。

　具体的な場面としては，自殺企図，統合失調症をはじめとする急性の精神疾患発症による混乱状態，災害や事故等の被害による混乱状態などを挙げること

ができる。心理職が危機的状況かどうかを判断する目安は，病棟のある精神科病院と学校では自ずと異なるが，そのまま帰宅させた場合に大きなリスク（必ずしも生命の危険だけとは限らない）があるかどうかに着目することが多い。

②主訴，問題歴，生活史，家族，その他来談者を取り巻く環境

アセスメント時に差し迫った危機がなければ，まずは**主訴**や来談理由，来談経路から聴いていくことになる。主訴は色々な意味で重要である。要支援者が主訴をどのように組み立てて，聴き手の腑に落ちるように伝えることができているかは，要支援者の力を測るうえで重要である。これは，心身に起きている不健康な事態を，主訴（悩み）という形に「結晶化」する力，また「悩む力」に通じる力でもあり，**カウンセリング適性**にも関連する。主訴が曖昧な場合は，それ自体が重要な所見であり，支援者がどの程度サポートすれば，主訴の形が明瞭になるかにも目を配る必要がある。

問題歴・現病歴は，主訴で述べられた困難や苦痛に至るいきさつにあたる。その時点で要支援者が主訴に関連すると考えている，複数の出来事などが語られることが多い。要支援者自身による解決への努力（自分なりの工夫，家族への相談，通院など）も含まれる。

生活史・生育史は，現病歴よりも範囲を広げて，幼少期や児童期にどのように育ってきたか，どのようなエピソードがあったかについての時系列的な内容である。現在の困難の背景としてどのように考えることができるか，また，要支援者本人がその点についてどう考えているかに着目するとよい。

家族や周囲の重要人物については，問題歴や生活史の中で語られることが多い。これもそれぞれの人物が要支援者にどう体験されているかに着目しつつ，現在の困難との関連に注目していく。

③要支援者が最も苦痛だと感じている点は何か

主訴の理解と重なるが，要支援者が最も苦痛に感じている点は，悩みの語りの中心にあり，要支援者を相談に向かわせた動機（**来談理由**）とも関連するため重要である。この点について双方の腑に落ちるような理解ができると，要支援者にとって重要な点で一致をみることになり，「2-3　心理的アセスメントの

ゴール」で述べた，支援の方針についての合意形成が行いやすい。また，要支援者の主観的苦痛を理解することで，支援者の側に支援したいという自然な感情が生じやすくなるという点でも重要である。

　ただし，要支援者の抱いている苦痛が，支援者の腑に落ちるようには伝わりにくいこともある。むしろ，専門機関に相談に来るのだから，そうでないことの方が多いと考えておいた方がよいくらいである。その場合でも，要支援者の感じている苦痛に共感的にふれるということを到達点として念頭に置きながら，現状を見立てるとよい。

④カウンセリング適性

　心理的支援はカウンセリングだけとは限らない。カウンセリングという言葉の意味をどのようにとらえるかにもよるが，筆者は要支援者の語りをできるだけ尊重して聴く形の支援を，期限を設けずにある程度定期的に行うことをイメージしている。ここでは，このような方法で支援を行うのが適切かどうかを判断するための着眼点を挙げていく。したがって「2-1　支援方法の選択についてのアセスメント」の，1つの例と考えることができる。

　要支援者が自らの内面にふれていくことを目指すカウンセリングに必要な能力を明確に示すことは難しいが，次のような点を挙げることができるであろう。

・**自我の強さ**：まずはある程度の内省力が必要だが，それまでふれていなかった自身の内面にふれることは，一時的な動揺を引き起こすことがある。その揺れに耐えるだけの力も必要である。

・**病態（病理）水準**：心の構造からみた病理の水準（深さ）である。水準が浅い（軽い）順に一般に神経症水準，境界水準，精神病水準の3つの水準で考えることが多い。支援者と要支援者の間に比較的安定した関係が形成され，共通の目標に向かいやすいのは神経症水準までで，内省的なカウンセリングを受けるにはそれが望ましいとされている。

・**知的能力**：ある程度の理解力や，感情や微妙な感覚などを言葉にする能力が必要である。

・**精神医学的疾病**：ここで注目するのは，精神医学的疾病自体の軽減や緩和と

いうよりも，要支援者が抱える精神医学的疾病がカウンセリングにどのような影響を与えるか，についての見立てである。たとえば重度のうつ病では，ここで指している形のカウンセリングは一般的に禁忌とされることが多い。

・発達的な問題：いわゆる発達障害にかかわる部分である。**自閉スペクトラム症（ASD）**や**注意欠如・多動症（ADHD）**を抱えている場合，自身を深めていくようなカウンセリングが不可能なわけではないが，それを支援の中心とするのが最適なのかどうか，よく吟味する必要がある。

　他の技法についても適応の判断基準はあるが，一例として，自身を深めていくカウンセリングの適応を判断するための視点を示した。他の学派や技法については，それぞれの専門書を参考にしていただきたい。

　⑤課題の把握

　課題の把握とは，要支援者との面接から得られた情報にまとまりを見出し，第1節で述べた作業仮説を構想することである（この段階を**ケース・フォーミュレーション**と呼ぶこともある）。その際には，支援者が依って立つ（特定の学派の）理論を手がかりとすることが多い。つまり学派により個々の情報への注目の仕方やまとめ方が異なってくる。たとえば，家族や重要人物について聴き取る際も，学派により重点の置き方が違ってくるであろう。ここでは，学派ごとの着眼点を網羅的に挙げていくよりも，1つの例を通じてその一端を示したい。

　卒論や就活することが多くてしんどい，と訴える学生を例に挙げてみよう。課題の内容を確認すると，そこまで過度な負担ではないようである。能力的にも問題なく，これまで順調に単位を取っている。ただ，完璧にやらねば気が済まないところがあるのと，失敗に対する不安が強いことから，負担感が強いようである。また社会に出る時期が近づき，このままの自分でやっていけるのかという不安も語られている。友人と愚痴をいい合うようなことはないか尋ねると，あまり否定的なことは話せず，「できている」自分を見せているという。母親にも話すことはあるが，一番苦しいところは話しにくい。カウンセラーに対しても「こんなことで時間をとって申し訳ない」と何度も口にしている。

　この学生の心理的課題について，どのように考えられるだろうか。**力動的心**

理療法の視点（人の心の内側や人と人との間に生じる様々な心の動きのせめぎ合いに注目する考え方で，とくに意識されていない心の動きに気づいていくことを重視する立場）からは，たとえば次のように考えられる。この学生は求められたことを一人で首尾よくこなす人という自己像を持っている一方，自分の否定的な面を表出すると相手の負担になると感じ，人に自分を委ねたり助けを求めることができない（カウンセラー，友人，母親との関係に共通している）。いよいよ社会に出る直前のこの時期に，心のどこかでこの自分のままでは社会でやっていくことができないという不安を感じ始めたのではないか（卒業期の**アイデンティティ**の問題）。

　認知行動療法の視点（非適応的な認知や行動を，主に**学習理論**を背景とする様々な技法を用いて変容をはかる立場）からはどうだろうか。本人の「しんどさ」をもう少し前後関係がわかるように聞くと，大学にいるときはマシだが，帰宅途中から「一人でやらなくてはならない」という負担感が強くなる。そして帰宅して課題に手をつけると「もう自分はダメなのではないか」という考えが浮かんできて不安が強まり，息が苦しくなってくる，という。この場合「一人」の感覚を和らげるために友人との交流の方法を具体的に検討することや，「もう自分はダメなのではないか」という考えを「非合理的な**自動思考**」とみなして変容の標的とすることなどが考えられる。

　いずれも作業仮説としては十分ではなく，着眼点を示しただけであるが，各学派によってどのような作業をするか，の一端は伝わるのではないかと思う。実際の臨床場面の詳細については後の章を参照していただきたい。

3-2　面接時の着眼点——どのようにして知ろうとするのか
①話を聴く
　話を聴く，というのはカウンセリングとして当たり前に聞こえるかもしれない。ここでは，アセスメントとの関連で，1つだけ着眼点を示しておきたい。
　それは，少し「ものわかり悪く」聴く側面があってもよい，ということである。支援者は話を聴いて一定の判断を行う必要がある。そのためには要支援者

が語ったことをよく吟味する必要がある。しかしわからないといけない，**共感**しないといけない，と思いすぎると，「何かおかしい」という嗅覚が働きにくくなる。要支援者の語りの中には，何か不明瞭であったり，筋道がいまひとつ腑に落ちない，ということがあって当然である。このような疑問点やひっかかりを大事にしていると，理解を深める手がかりとして役立つことが多い。

②観察する

観察というと，表情の変化，身体の動き，声の調子，服装，等々を少し離れてよく見るといったことが挙げられる。もちろんこのような観察も必要ではあるが，心理的アセスメントにおいてはもう一つの次元がある。要支援者の**ノンバーバル（非言語的）な表出**が，支援者の心にどのような影響を与えているか，どんな印象を生み出しているかを把握することである。それは，関係性や交流についての所見となる。つまり，支援者が自身の内側，主観的な感触といったものをよく観察することが必要である。

しかし，色々と感じてはいるものの，しなければいけないことで頭が一杯で，感じていることを生かすのが難しい場合が多い。とくに退屈やイライラなどネガティブな感情・感覚には注目しにくい。たとえば退屈は，要支援者が自らの心に十分ふれることができない，感情的な部分とうまくつながっていないことに由来することもある。それに気づいて所見とすることができれば，要支援者に対する理解が一段と深まるであろう。

このように，支援者の心に生じる主観的な感触を観察することは重要であるが，何をどう感じるかについては当然個人差がある。また，どこまでが要支援者の影響で，どこからが支援者自身の偏りなのかの判断も簡単ではない。自らの感じ方の偏りについて気づきを得ることや，主観的感触の活用の仕方については，相当な訓練が必要である。

③かかわる

本章第1節で「人間関係に十分注目しながら」と説明した通り，かかわりから得られる所見は重要である。②でふれた主観的な感触も，はじめからかかわりを含んでいるといえるであろう。ここで取り上げるのは，支援者からの問い

や介入に対する反応を吟味することである。

　多くの場合，問いの内容に対する回答がそのまま返ってきて当然と思っているが，あまりそれを期待しすぎない方がよい。こちらの意図とは違う返答になるかもしれないし，言葉以外の反応だけになる場合もある。問いに対しては，相手の心身の反応すべてを拾うように心がけ，それがこちらの問いに対する反応だとしたら，要支援者がその問いをどのように体験しているかを考えてみるとよい。

　また，上記では「介入」と述べたが，問い以外のかかわりもある。介入というと，意図的に支援者が働きかけた場合を思い浮かべるかもしれない。しかしもう少し自然な形のやりとりについてもよく反応を見ておきたい。たとえば，支援者が要支援者の苦痛に対して**共感**を示したときである。完全になかったことにされることもあれば，そうではないと反発されることもある。また一見反応がなくても，その後の語りが深まっていることに気づくこともある。

　以上のように，意図的かどうかにかかわらず，こちらからの働きかけに対する要支援者の反応を拾って吟味することは，「かかわり」について多くの所見をもたらしてくれる。簡単なことではないが，少しずつ意識していくとよい。

4　心理的アセスメントの倫理

　心理的アセスメント，とくに心理検査は被検者の心の一側面を測るもので，そこに数量的なデータが介在することもあり，専門家と非専門家との間の非対称な構図（専門的な知識や技術に関して専門家の方に圧倒的な優位性があり，非専門家に対して一方的な判断ができてしまうという関係性）を避けることができない。したがって，専門技術を持つ者の方に高い倫理が求められる。専門家である支援者は，被検者で非専門家である要支援者にとっての最善は何かをつねに検討しなければならない。具体的な点については日本心理学会の倫理規程（日本心理学会，2009）を参考に述べていきたい。全部で16項目あり，始めの6項目がアセスメント一般に関する項目で，残りはテスト（標準化された検査）に関す

るかなり詳細な内容を扱っている。ここでは前半の6項目を取り上げる。

　6項目について，見出しのみ挙げると次のようになる。

①適切なアセスメント方法の選択

②アセスメントの限界の理解

③アセスメントの乱用の禁止

④アセスメントを使わない選択

⑤インフォームド・コンセント

⑥結果の伝達

　詳細はぜひとも原典にあたっていただきたい。ここではこれらの項目に含まれる，重要と思われるポイントについてふれていく。

　一つ目は，用いる心理検査についてよく知っておくということである。実施方法は当然として，適用年齢，受検に必要な能力等の条件，測定できる概念，**妥当性**の程度と限界など，検査の成立にまで立ち入って理解しておくのが望ましい。そうしてはじめて，「適切さ」（①）や「限界」（②）を判断することができる。

　二つ目は，目的と必要性を明確にすることである。心理検査は多かれ少なかれ被検者に負担をかけるので，それに見合う目的と必要性を説明できなければならない。それができなければ「乱用」（③）につながるし，（一つ目の）検査への理解（の不足等）も相まって「誤用や悪用」（③に述べられている）が生じることもある。また，いつも検査を実施前提と考えるのではなく，「使わない選択」（④）を留保しておくことも重要である。

　三つ目は，被検者が十分納得したうえでアセスメントを実施するということである（**インフォームド・コンセント**（⑤）では文書で合意を確認することが原則とされている）。これは対象者の自己決定を尊重することで，アセスメントを強制しないことも含んでいる。納得のうえで実施するためには，アセスメントの目的と利用の仕方について，被検者が理解できるように十分に説明する必要があるが，そのためには，説明する側が実施の目的や心理検査の性質についてよくよく理解している必要があるだろう。

　以上の3点はいずれもアセスメントを実施する前のことだが，実施した後の結果の伝達についても同様の原則で考えることができる。「結果の伝達」（⑥）では，「（アセスメントの結果は）できるだけすみやかに，かつ適切に伝達する」と簡潔に述べられている。この「適切」とは，被検者が十分理解できるように，などの点を含むであろうが，上の原則からは，アセスメントの目的に照らしての「適切さ」が重要であると考えられる。たとえば，支援の方針を決めることが心理検査の目的であるとすれば，それについて話し合うことにおいて適切な伝達や説明かどうかが吟味される必要があろう。

　その他，後半の項目も含めて注目しておきたい点を挙げておく。「テスト結果から直接引き出される知見の部分と主観的判断の部分とを明確に区別しておかなければならない」（⑭テスト結果の臨床実践的応用）という記述は，倫理というよりも心理検査における基本的な作法であるが，ここでいま一度確認しておきたい。「テスト結果の保管，また最終的処分のための手続きをあらかじめ定めておく」（⑮テスト結果の保管）ことは，個人情報を厳格に保護するうえで重要である。心理検査について学習する際にはこの点にまでふれることは少ないであろうし，その都度考えるのではヒューマン・エラーが起こりやすい。あらかじめルーティンとして決めておくべきであろう。

　以上，心理的アセスメントの倫理について説明した。心理検査の場合は，その成り立ちや**妥当性・信頼性**の基盤から十分に理解することが，適切な選択や実施につながるだろう。また，その方法による実施が要支援者にとって最も望ましいことなのかをつねに考え，要支援者の合意のもとに実施することを心がけてほしい。このような積み重ねが，公認心理師の社会的信用を得ることにもつながるであろう。

　本章では，心理的アセスメントについて概観的な解説を行った。中でも継続的な心理療法の前段階として，面接で行うアセスメントを中心に解説したが，要支援者の自己決定を尊重することや**多職種連携**において，支援計画の根拠を説明する必要性が高まっていることから，客観的指標としての心理検査は今後

重視されていくであろう。それでも，まずは心理検査を心理的アセスメント全体の一部として包括する視点が基本となる。その点を押さえたうえで，心理的アセスメントの様々なバリエーションについて理解を深めてほしい。

❖考えてみよう

　本書の第2章以降を含む様々なアセスメント事例を取り上げ，①支援法の選択の幅がどの程度ある臨床場面なのか，②中心部分ではどのような視点（学派を含む）から作業仮説を構成しているか，③ゴールをどのように想定しているか，の3点について，考えてみよう。とくに①と③については，省略されているなどで記述がない場合もある。その場合は想像で補ってみよう。

もっと深く，広く学びたい人への文献紹介

藤山 直樹・中村 留貴子（監修）湊 真季子・岩倉 拓・小尻 与志乃・菊池 恭子（2014）．事例で学ぶアセスメントとマネジメント――こころを考える臨床実践――　岩崎学術出版社
　☞検討会にケースの開始期を報告して議論するという形式で，面接者の感じたことを生かしてアセスメントを検討するプロセスがわかりやすく示されている。また，ケース・マネジメント（面接の場を包む環境を整えること）についても丁寧に解説されている。

芝田 寿美男（2017）．臨床行動分析のすすめ方――ふだんづかいの認知行動療法――　岩崎学術出版社
　☞認知行動療法というと，特定の症状と特定の技法の結びつきをイメージすることが多いが，この本ではそれ以前の対象の把握の仕方（ものの見方＝行動分析）が基本技術であるとして，臨床に密着した形で丁寧に解説されている。

引用文献

日本心理学会（2009）．公益社団法人日本心理学会倫理規程　https://psych.or.jp/publication/rinri_kitei/

Sullivan, H. S. (1954). *The Psychiatric Interview*. New York: W. W. Norton & Company Inc.
（サリヴァン，H. S.　中井 久夫他（訳）(1986)．精神医学的面接　みすず書房）

第2章 何を知ろうとするのか
——心理面接における アセスメントのポイント

安 村 直 己

　心理的援助を行うためには，クライエントがどのような問題を持っていく，その心理的要因はどのようなものであり，その問題の解決のためにはどのようなことが必要なのかを把握しながら，クライエントの問題の全体像をアセスメントすることが必要である。そうしたアセスメントを行ってはじめて，どのような心理的援助がクライエントの役に立つかを検討することができる。心理的アセスメントは，つねに心理的援助と同時並行で行われなければならないが，とくに初期の面接では，支援のおおよその方針や方向を決めていくために重要となる。この章では，そうした初期のアセスメントのポイントを具体的に解説する。

1　初回面接におけるアセスメントのポイント

1-1　面接を始めるまで

主訴とは何か

　相談機関を訪れるクライエントが，自分の主な問題としてもってくる訴えのことを「**主訴**」と呼ぶ。クライエントは，その主訴の解決を求めて相談機関に来所するのである。それは，今現在クライエントが苦しんでいる精神状態であったり，具体的な症状であったり，長年悩み続けてきた対人関係や自分自身の性格であったり，子どもや家族の問題であったりするだろう。

　相談機関にはじめて来所したクライエントには，面接を開始する前に，**相談**

申込票に主訴を記入してもらうが，その際，主訴をどのように記載しているかを見ることで，クライエントが自分自身の問題をどのように理解しているかをある程度知ることができる。たとえば，申込票に「気分が重く何も考えられない状態」とあれば，クライエントは抑うつ状態にあって，自分の抱えている心理的な問題をふり返る余裕がないことがわかるだろう。逆に，主訴として心理状態が具体的に記されていれば，そこからクライエントが自分自身の問題をどのようにとらえているかをある程度把握することができるかもしれない。「記憶喪失」や「意識喪失」などの記載がある場合は，解離性障害などの精神疾患の存在が推測され，精神科医との連携が必要になることが予測される。

　家族の主訴にも気を配る必要がある。たとえば，不登校の子どもがいて悩んでいるという場合でも，主訴の欄に「不登校の息子を登校させるにはどうしたらいいか」とあるか「子どもの不登校の原因を考えたい」とあるかによっても，家族が子どもの問題にどのように向き合おうとしているかがわかるだろう。前者の家族は，一刻も早く子どもを登校させ**問題行動**の消失を図りたいという焦りが強いが，後者の家族は，子どもが登校できないことの背景にある問題を考えようとする姿勢があり，前者よりも心理面接の**導入**がスムーズに進むことが予測される。

主訴のもつ意味

　ここまで述べてきたように，主訴とは，その時点でクライエント自身が意識している次元の訴えであることがわかるだろう。それはクライエントにとって早く解消したい**困り事**であるが，ここで面接者が考えなくてはならないのは，そうした主訴の解消は，クライエントの抱えている心理的問題の解決とは必ずしも一致していない場合があるということである。クライエントがそうした心理的問題をもともと持っていたために主訴にあるような困り事が起こってきたとも考えられ，主訴としている問題の解決を図るためには，その背景にある心理的問題を理解することが必要となるのである。

　クライエントは，通常そのことには気づいておらず，主訴の解消を性急に求めて来所することが多いが，心理面接を続けていくうちに，しだいに自分の心

理的問題や課題の重要性に気づくようになるだろう。そうした場合，クライエントの主訴は，困り事としての問題意識であり，クライエント自身の心理的成長につながる，より内面的な**課題**に取り組んでいく心理面接に入るための「入場券」だとも考えることができる。したがって，面接者は初回面接の時点で，クライエントの主訴の背景にある問題や心理的課題を，クライエントが理解できる範囲で伝え，両者の間で治療の目標をある程度共有しておくことが必要だろう。

1-2　実際に初回面接を実施する

主訴と問題歴を聞く際のポイント

　上記のような理解を持ったうえで，いよいよクライエントとの初回面接を行う。まず，主訴となっているクライエントの困り事について詳しく聞き取り，さらに，その問題がいつ頃から始まって，どのような変遷をたどって現在に至っているのか，その問題の歴史的な経緯，つまり**問題歴**を具体的に聞いていくことになる。

　問題歴の聞き取りでは，過去において具体的にどのようなことが起こり，どのような人間関係が生じて，主訴となる問題がどのように生じてきたのかをできるだけ明確に把握していく。クライエントに「何かきっかけとして思いつくことはないですか？」と直接的に尋ねてもいいかもしれない。その際，クライエントの置かれてきた環境や人間関係を把握するための客観的な情報を収集すると同時に，クライエントがそのことをどのように体験し，どのような感情や苦悩，痛みを感じていたのか，クライエントの内面の主観的な反応や体験の側面を丁寧に共感的に理解していくことが重要である。しかしまた，そうしたクライエントの認知や体験の仕方が，実際のクライエントが置かれてきた環境や人間関係を考えれば概ね妥当なものとして感じられるか，それとも過剰なものや過小なものと感じられるかによって，クライエントの体験の受け取り方の認知的な特徴を理解することもできるかもしれない。このように面接者は，つねに自分自身の感覚を１つのゲージ（尺度）として用いて，アセスメントしなが

ら，クライエントの話を聞くことが必要である。

　ちなみに近年，こうした治療的な心理面接とは異なり，厳密な事実確認を第一の目的として，心理的な負担をできるだけかけず，被面接者から正確な情報を収集するための**司法面接**の技法が考案されている。司法面接は，児童相談所などで虐待事案などが扱われる際，被害を受けた可能性のある子どもから，面接者が誘導することなく正確性の高い情報を聞き取るために使用されている（仲，2018）。しかし，フロイトが精神分析を創始した時代から今日まで，クライエントが語ったことが客観的な事実なのか，ファンタジーなのかという議論が続いていることから考えると，人間の精神生活にとって真実とは何かという問いは永遠のテーマなのであろう。

相談歴と治療動機を確かめる

　さらに，主訴の問題が生じた際，クライエントがこれまでどのように対処し，その結果はどうだったのかについて聞くことで，クライエントの**対処行動**の特徴や対処能力の程度についても知ることができる。クライエントの抱えている問題は，不適切な**問題解決努力**を繰り返すことで生じている場合もあるため，その対処行動を変えることが問題の解決につながる可能性があるのである。

　また，クライエントの対処行動として，これまでの**相談歴**を確認しておくことも必要である。以前に他の治療機関に相談したことがある場合には，そこでの経験について聞き，さらに今回どのような経緯でこちらの相談機関を知り，来談する気持ちになったのか，**来談経路**と**来談動機**を尋ねることで，クライエントの治療への動機づけがどの程度あるか，治療にどのような期待を抱いているかを予測することができる。

　動機づけが高いクライエントは，心理面接に積極的に取り組むことが予想されるが，心理面接に過剰に高い，魔術的な期待がある場合には，すぐに効果が表れないことに怒りや失望が生じ，心理面接を中断する可能性もあるため，**治療契約**の際，治療の過程が一般的にどのような流れを経るかを説明しておくことが必要だろう。逆に，本人の意志ではなく親や他人に強引に勧められて嫌々来談した場合には，治療動機が低く，中断が生じやすいことが予想されるため，

初回面接では，面接者はクライエント自身の来談に対する抵抗感や不快感，不安，戸惑い，怒りなどの否定的な感情体験を共感的に受け入れて，そうした感情を持つことは当然であることを伝えるように努めなければならない。さらに心理面接の必要性をクライエントの心に響くようにわかりやすく説明し，治療を開始することの同意を本人から得ることが必要である。こうして面接の継続が決まれば，最後に，今後の面接の頻度をクライエントと相談して決め，次回の約束を交わすことになる。

2　初期の心理面接におけるアセスメントのポイント

2-1　生育歴を聞く際のポイント

初回面接で主訴や問題歴などを確認し，治療の目的と治療契約に同意すると，継続面接がスタートする。初期の面接の中では，クライエントの困り事への対処についての相談とともに，主訴の背景となっているクライエントの**生育歴**について丁寧に聞き取っていくことになる。

子どもの問題で家族が来所した場合

子どもの問題を主訴に来所した家族（多くは母親）の場合は，子どもの年齢にもよるが，できれば出生時から乳幼児期にわたって，子どもの心身の発達の状況がどうだったかを聞き取ることが求められる。乳児期の発達についてよく憶えていない場合には，母子健康手帳を持参してもらってもいいだろう。これまで受けた健診で，どのようにいわれたかを思い出してもらうことも必要である。

その際，認知面の発達とともに，養育者とのかかわり合いについても注目することが必要である。子どもの**愛着行動**に問題がなかったかどうかを確かめることは，**発達障害**の鑑別に関してとくに重要な情報になるだろう。もしも，認知的な発達の問題が子どもの愛着の発達の問題に強く影響されたものと考えられる場合には，器質的な発達障害というより，むしろアタッチメント障害によるものと見立てられるかもしれない。その場合，心理面接の中で親と子どもの

かかわりを見直し，親子の**関係性**を時間をかけて改善していくことが問題の解決につながるかもしれない。また，子どもの愛着の問題には，養育者の側の反応や働きかけの問題も影響していることがあるため，親子のかかわり合いについては，子どもの反応ばかりではなく，養育者からの子どもへの反応やかかわり方を具体的に確かめ，アセスメントすることも必要である。

クライエント本人の場合

　自分自身の問題で来談した成人のクライエントの場合も，子どもの頃からの生育歴を思い出して語ってもらうことで，問題の心理的背景についての情報を得ることができるだろう。その際には，クライエントが幼少の頃から育ってきた環境や対人関係，とくに親子関係について聞き取ることが重要である。

　ただし，こうした過去の対人関係や**親子関係**について尋ねる場合は，**情報収集**だけを目的にしたような独立した質問の仕方ではなく，クライエントの自発的な語りに沿った自然な流れの中で質問していくことが必要である。クライエントが共感的な面接者を前にして自己の過去の歴史をしみじみと語ることは，それ自体が治療的な体験であり，治療と情報収集は同時並行的に進むものなのである。

　幼少期の親子関係については，現実の状況が実際どうであったかを客観的に確認すると同時に，それがクライエントにとってどのような体験だったのかについて知ることも治療的に重要である。そのためには，とくに印象的な体験を詳しく思い出してもらい，当時のクライエントの心境をじっくりと語ってもらうことが必要である。幼少期の親子関係の問題は，クライエントの**愛情関係**の葛藤となって現在の人間関係にも影響している可能性がある。どのような親子の葛藤があったのか，ある程度仮説を立て検証しながら聞いていくことができれば，クライエントの抱いている問題の見立てや治療方針を立てることができるだろう。

2-2　家族歴を聞く際のポイント

最初の来談時の相談申込票に簡単に記載されていることもあるが，クライエ

ントは何人家族でどのような**家族構成**か，それぞれの年齢や親の仕事の種類，兄弟姉妹の現状，現在はどこまでの家族が同居しているか，それぞれの家族の性格，家族同士の関係，さらに居住地域など，おおよその情報を面接の中で追加して確認していくことも必要である。そして，それらの家庭環境がクライエントにどのような心理的影響を与えているかをアセスメントしていく。

　一人親の家族の場合，両親は離婚したのか死別なのか，それはいつ頃だったのか（その際，クライエントは何歳だったのか）なども確かめなければならない。死別の場合，どのような病気で亡くなったのか，急死だったのか，あるいは事故などによる不慮の死だったのか，なども重要な情報である。しかし，こうした家族の**喪失**の問題は，クライエントのみならず家族全体に外傷的な影響を与えていることが考えられる。他にも早くに亡くなった子どものことや，家族の自死など，すぐには語られないことも多い。喪失の家族歴を聞き取る際は慎重に行う必要があり，面接者との信頼関係がまだ十分ではない時期に無理に聞き出すことは禁物である。

　クライエントの同胞での位置（**同胞順位**）も，性格や親子関係に影響していることがある。親の職種については，親の性格や家族の生活習慣が形成されてきた背景を理解するために参考になるかもしれない。家族のメンバーが同居しているかどうかも確認しておくことが必要だろう。父親が単身赴任の場合や，兄弟姉妹が自立して別居している場合は，それがいつからなのかも聞き取っておきたい情報である。

　これらの家族に関する情報は，一度にすべてまとめて聞き取るのではなく，何回にも分けて必要に応じて少しずつ詳しく聞き取っていく方がいいだろう。その際，**ジェノグラム**（世代関係図）を作成しながら，聞き取った情報を図示して記載しておくと，家族の全体像とその中のクライエントの立ち位置が理解しやすくなる。ジェノグラムの表記の仕方には標準的なものがあり，それに従って作成することで，誰が見ても正確に理解できる大切な資料になりうる。表記の仕方の例を図2-1に示しておくので，参考にしてほしい。

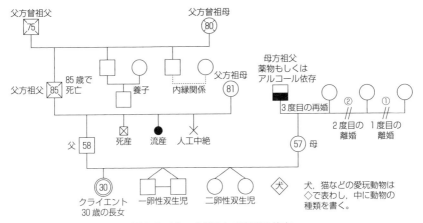

図2-1　ジェノグラムの表記の仕方

（出所）安村（2011）

2-3　クライエントのパーソナリティのアセスメント

　心理面接を継続する中で，さらにクライエントの**パーソナリティ**をアセスメ
ントしていく必要がある。クライエントが問題をどのように受け止め，認知し
対処してきたかは，そのクライエントのパーソナリティの特徴に左右されてい
ると考えられる。パーソナリティの特徴を知ることによって，クライエントが
外界からの刺激に対してどのように反応しやすいか，その傾向を理解すること
ができるだろう。パーソナリティ特性をアセスメントするために，質問紙法や
投影法などの多様な心理テストがこれまで開発されてきたが，心理面接におい
てもクライエントのふるまいや態度，面接者とのやりとりなどからパーソナリ
ティの特徴をうかがい知ることができる。

　パーソナリティの形成過程や構造のあり方については，現在様々な研究によ
って多くの理論や考え方が存在しており，学派によってもその考え方に異同が
ある。それらをすべてここで解説することはできないが，精神分析的な考え方
やロジャース（Rogers, C.）のパーソナリティの見方など，その主だったものは
クライエントの理解に生かせるよう学んでおくことが必要である。

面接者に対するクライエントのふるまいや態度

　パーソナリティのアセスメントとは，そのクライエントの人としての全体的なあり方やまとまり，つまり「**人となり**」がどのようなものであるかを把握することであり，それは心理面接の過程にも関係するものである。

　たとえば，不安の高いクライエントは，心理面接をしばらく継続し，面接者が**受容的**な態度を示し続けていても，面接者を信頼し心を開くことがなかなか難しいことがある。そうした場合には，クライエントは，他者に対して懐疑的で，不信感を抱きやすいパーソナリティであることが予想される。したがって面接者は，できるだけクライエントに安心感を与えるよう心がけ，時間をかけてクライエントとの**信頼関係**を築いていくことが当面の目標になるだろう。また，そのようなクライエントのパーソナリティの特徴が主訴にどのように影響しているのかや，そうしたパーソナリティが生育歴の中でどのように形成されてきたのかを，その後の面接で理解していくことが治療的に重要になるだろう。

　あるいは心理面接の中で，面接者との距離感を適度に維持しながら，面接者を信頼して，徐々に自身の内面を語ることができるクライエントは，安定したパーソナリティの持ち主であると考えられる。しかし逆に，急速に面接者との距離を縮め，あまりにも早い段階から深い内面の問題をあからさまに語るクライエントや，初対面の面接者を過剰に**理想化**し，まるで全能の救済者であるかのように接してくるクライエントは，**依存的**なパーソナリティや**自己愛的**なパーソナリティであることが予想されるので，面接を継続していく中で，クライエントの面接者への依存性や魔術的な期待が高まりすぎないよう注意することが必要だろう。

　パーソナリティの極端な偏りに関しては，今日，**パーソナリティ障害**の診断が用いられることが多い。ここでパーソナリティ障害の分類や特徴を詳説することはできないが，面接者は，クライエントのパーソナリティの傾向が，パーソナリティ障害と診断される水準にまで達しているのかどうか，慎重に判断しなければならない。クライエントのパーソナリティの特徴は，面接でのやりとりを続けていく中で明らかになってくるものではあるが，面接者は自分自身の

パーソナリティの特徴がクライエントに与えている影響も考慮に入れておくことが必要だろう。たとえば，クライエントが強い不安を示していたり，懐疑的な態度を面接者に取っているのは，面接者がクライエントに不信感や不安感を与えるようなふるまいや態度をとっているからかもしれない。このようにパーソナリティに関する客観的な評価は実際は難しいものであり，面接者は自分自身の態度や言動，個人的な感情や価値観，時代や文化による影響などをつねに考慮して，一方的で独断的な評価にならぬよう注意しなくてはならない。

2-4　クライエントの病態水準のアセスメント

　心理面接を行う面接者は，治療計画を立てていくためにクライエントの**病態水準**を把握することが求められる。病態水準とは，精神医学的な診断名とは異なり，クライエントの**自我機能**[1]，**社会的機能**[2]，**病識**[3]，**現実検討力**[4]，**自己同一性**[5]の統合度，**防衛機制**[6]などの特徴がどの程度であるかを総合的にアセスメントする視点であり，心理面接においてどのような技法やアプローチが適切かを検討するためにも重要な指針となるものである。

　クライエントの見立てを臨床的に検討する際，しばしば「このケースは神経症レベルなのか，それとも精神病レベルか」などという言い方をすることがある。これはクライエントの病理の基本的なレベルを「神経症水準」「精神病水

➡ 1　精神分析学では知覚，認知，思考，記憶，感情，言語などの精神機能を，主体がなしうるものとしてすべて自我に帰属するものと考え，それらを自我機能としている。

➡ 2　社会生活を営むために必要な能力全般のこと。

➡ 3　自分の疾病，病感，病態についての正しい判断や構えのこと。病識の喪失は精神病の特徴を，病識の保持は神経症の特徴をなす。

➡ 4　主観的な観念，心的表象，認識が客観的な外的現実と一致しているかどうかを検討する能力。

➡ 5　自己の単一性，連続性，不変性，独自性，帰属性などによって生じる主体的感覚や自己意識および安定した自己イメージのこと。

➡ 6　精神分析学の中心的概念の1つで，自我がイドや超自我からの脅威やそれらとの葛藤から生じる不安を軽減し，主観的意識的安定を保つために働かせる無意識的な心理的メカニズムのことをいう。

準」「境界例水準」に分けてアセスメントする視点であり，クライエントのパーソナリティ構造の水準としてとらえられるものである（Kernberg, 1975）。

　まず「神経症水準」のクライエントとは，様々な精神症状があるものの，自我機能や社会的機能の障害は部分的であり，現実検討力も病識や問題意識もしっかり保たれているので，面接者との治療の契約を問題なく結ぶことができ，主体的に心理治療に取り組むことができるクライエントだと考えられる。力動的には抑圧や合理化などの高次の防衛機制を主に用いており，心理療法としては洞察志向的な心理療法が可能であると予測することができる。しかし「精神病水準」のクライエントとなると，自我機能や社会的機能の障害は著しく，現実検討力も障害され病識もないために，治療契約を結ぶことも難しい場合が多い。そのため心理療法としては，支持的で受容的なアプローチが適切である。抗精神病薬の使用も必要なため，精神科医との連携を考えなくてはならない。

　一方「境界例水準」のクライエントは，社会的機能や現実検討力に大きな問題がなくても，対人ストレスに極度に脆弱で，容易に自己同一性の統合度が低下し，対人関係上で大きな問題を起こし，一過性に精神病的な状態を呈することもあり，「神経症水準」と「精神病水準」の病態の間を揺れ動く状態と考えられる。防衛機制も分割（スプリッティング）や否認，投影同一化や極端な理想化など，発達的に低次の防衛が優勢であり，治療関係も不安定なものになりやすいことが予想される。そのため心理療法では，治療契約を守る中でできることとできないことをできるだけ明確にすることを意識しながら，治療関係を維持することが求められる。

　このように，病態水準のアセスメントは，そのクライエントの治療構造をどのように設定し，治療計画をどのように立て，治療関係の進展に伴ってどのようなことに注意すればいいのか，おおよその見当をつけるうえで重要となるだろう。

3　個人の問題をシステムとしてとらえるアセスメントの視点

　心理的アセスメントにおいては，クライエントの問題の成り立ちを立体的・多次元的に検討することが求められる。そのためには，クライエント個人の内面の葛藤や心理的課題，パーソナリティや病態水準などを検討する視点，過去から現在までの時間軸をたどり，クライエントを発達的・歴史的に理解する視点，クライエントの問題を現在の対人関係や家族との愛情関係の問題から理解する視点など，様々な視点からアセスメントすることが必要である。

　一方，心理的アセスメントには，クライエント個人の次元ではなく，個人を超えた社会的な相互作用の**システム**の次元から問題をとらえる視点がある。こうした**システム論**の視点では，個人の問題はその人を取り巻くシステムの問題の反映であると考えることができる（遊佐, 1984）。社会は複雑な**相互作用**からなるシステムであり，その中に生きている個人は社会システムの一部として機能しながら，同時にまたそのシステムから大きな影響を受けている。つまり，家族も最小の単位の社会システムであり，その中に生きる個人はつねに家族システムの中の相互作用の一部として機能し，**家族システム**の平衡状態の維持に貢献しているものと考えられる。

　そうした視点からすれば，たとえば，子どもに問題が生じ，両親が来所するような事例で，夫婦関係に深刻な問題があるにもかかわらず，子どもに問題が生じたことで両親が協力することを余儀なくされているような場合には，家族システムの観点から，子どもの問題が両親の夫婦関係の維持や改善に役立っているものとアセスメントすることができるだろう。そして，そのような見立てを持って，両親に子どもの問題をポジティブに**リフレーミング**して伝えるようなシステミックなアプローチ（Watzlawick, 1988）を試みることが検討されるかもしれない。このように，家族を一つのシステムとして見るシステミックなアセスメントを取り入れることで，より多次元的な理解が可能となるだろう。

3-1 ジェノグラムによる家族システムのアセスメント

家族をシステムとしてみるアセスメントには，多世代にわたる家の歴史の流れの中で個人を理解しようとする**多世代論**的な視点がある（Kerr & Bowen, 1998）。これは，家族歴を聞き取る際に作成するジェノグラムを，現在の家族だけでなくさらにその上の世代の歴史も聞き取って作成することにより，多世代にわたってどのような特徴的パターンがあるかをアセスメントしようとするものである（McGoldrick, Gerson, & Petry, 2008 渋沢訳 2018）。

たとえば，息子の問題で来所した家族で，父親が息子にうまくかかわることができず，それが親面接で問題となった際，ジェノグラムを作成すると，父親の幼少期に父方祖父が他界しており，父親も自分の父と親しく接した記憶がないことが明らかになるかもしれない。このように親自身の生育史の問題が，子どもとの親子関係に影響していることは多い。しかし，それは親に子どもの問題の原因があるという見方をするのではなく，むしろ親にもそうならざるをえなかった事情があったというように，両親をより深く理解するための情報でなくてはならない（安村，2011）。

その他にも，祖父母の世代に外傷的な喪失体験があることや，家業の破産や会社の倒産などの経済的破綻の歴史，絶縁した音信不通の家族がいることの悲しみ，その時代の歴史的背景など様々な事情があり，それらが親世代の生育史に陰に陽に影響しているなど，誰が問題の原因とは単純にいえない複雑な事情がからんでいることもあるだろう。多世代にわたる家族の歴史のアセスメントは，そうした先代からの家族の苦労や痛みを共感的に理解することが主な目的であることを忘れないようにしたい。

3-2 家族構造の視点からのアセスメント

家族システムのアセスメントには，**家族構造**に注目した視点もある（中村，1997）。これは，家族システムが全体として機能するためには適切な構造が必要であるという視点であり，家族を構造としてアセスメントするものである。そこではまず，両親の協力関係である「**両親連合**」が機能しているか，祖父母

世代・親世代・子ども世代といった異なった世代の間に適切な「世代間境界」
が引かれているか，親子の力関係として，親が上で子どもが下といった適切な
「ヒエラルキー」（階層性）が確立されているかに注目する。たとえば，夫婦
の問題があるため両親がうまく協働して子どもに立ち向かえておらず，母親は
父親の悪口を子どもに聞かせ，母親と子どもは情緒的に密着し父親を排除して
いる構図が常態化している場合には「両親連合の機能不全」と「世代間境界の
侵害」という家族構造上の問題が生じているとアセスメントされ，家族構造の
修正・修復のための介入が行われる。あるいは，子どもが親に暴力をふるい，
親が子どもの顔色をうかがうような家族状況が見られる場合は「ヒエラルキー
の逆転」という家族構造上の問題が生じていると考えられ，適切なヒエラルキ
ーを早急に回復させることが必要となる。このように，家族構造のアセスメン
トは，家族の基本的な枠組みを見立てる視点として有効であり，とくに親面接
において，治療の計画や方向性を指し示すものといえるだろう。

3-3　関係者システムのアセスメント

　クライエントは，複数の相談機関や相談者に同時にかかわっていることがあ
る。その際，クライエントにかかわっている援助関係者の間で，治療の基本的
方針に齟齬や矛盾が生じていると，クライエントはかえって混乱し，問題を余
計に悪化させることもあるかもしれない。そうしたことが生じないよう，面接
者は自分も含めた複数の関係者とクライエントとの全体の相互関係をシステム
として俯瞰して，アセスメントしておくことが必要である。たとえば，まった
く治療方針の異なる別の相談者に同時にかかっているクライエントには，その
ことによる問題を説明し，クライエントにどちらの相談者にかかるかを決めて
もらうことが必要かもしれない。あるいは，子どもの問題行動が学校場面で頻
発し，その対応をめぐって保護者と学校関係者の間で意見が対立し，学校側か
らの強い勧めを受けて保護者が相談機関に来所したケースでは，最初から学校
―保護者―相談機関の**三角関係化**というシステム上の問題が存在していること
が予想されるだろう。そうした関係の中では，保護者は面接者が学校側と結託

して自分たちを批判していると受け取りやすくなるため，注意が必要である。こうしたクライエントと**関係者システム**の相互関係がどのように影響しているかをアセスメントすることは重要である。

　これまで述べてきたように，心理面接におけるアセスメントは，治療と同時並行的に幾度も重ねて行われていくものであり，面接の過程でその都度追加されたり，見直されたり，より多次元的なものに発展していく柔軟なものでなければならない。心理的アセスメントは心理面接の方針を立てる目安として重要なものであるが，それはあくまでも臨床的な仮説であって，身体医学における診断のような固定的・断定的なものではないことを忘れないようにしたい。

❖考えてみよう

　事例研究を読む際には，クライエントの様々な言動に①クライエントの生育歴や家族関係，②クライエントの対処能力や対処行動のパターン，③クライエントの認知面の発達と愛着の関係，④クライエントの病態水準と治療関係，⑤家族システムの問題，などがどのように影響しているかをつねに考えながら，心理的アセスメントへの仮説を自分なりに立てて読んでみよう。

もっと深く，広く学びたい人への文献紹介

　氏原　寛・東山　紘久（1992）．カウンセリング初歩　ミネルヴァ書房
　　☞初学者が抱くカウンセリングの始まりから終わりまでのあらゆる疑問に，経験豊かな心理臨床家の著者が実に具体的に答えてくれている有難い書籍である。
　土居　健郎（1992）．新訂　方法としての面接　医学書院
　　☞卓越した精神分析医として名高い著者が，診断と治療の視点をともに含んだ意味で「見立て」という言葉をはじめて用いて，精神療法の要諦を著した貴重な書である。ここから「見立て」という言葉が広く臨床領域で使われるようになった。

引用文献

Kernberg, O. (1975). *Borderline Conditions and Pathological Narcissism*. London: Jason Aronson.

Kerr, M. E., & Bowen, M. (1988). *Family Evaluation: An Approach Based on Bowen Therapy*. New York: W. W. Norton & Company.
（カー，M. E.・ボーエン，M.　藤縄 昭・福山 和女（監訳）(1996). 家族評価——ボーエンによる家族探究の旅——　金剛出版）

McGoldrick, M., Gerson, R., & Petry, S. (2008). *Genograms: Assessment and Intervention, Third edition*. New York & London: W. W. Norton & Company.
（渋沢 田鶴子（監訳）(2018). ジェノグラム——家族のアセスメントと介入——　金剛出版）

仲 真紀子（2018). 子どもの司法面接・協同面接の現状と課題　社会安全・警察学，(5)，35-42.

中村 伸一（1997). 家族療法の視点　金剛出版

安村 直己（2011). M ボーエンの多世代アプローチ——親面接におけるジェノグラム活用のススメ——　甲子園大学発達・臨床心理センター紀要，(6)，60-63.

遊佐 安一郎（1984). 家族療法入門——システムズ・アプローチの理論と実際——　星和書店

Watzlawick, P.　鈴木 浩二・鈴木 和子（抄訳）(1988). MRI 短期集中療法（Brief Therapy）の理論と実際(2)　家族療法研究，*5*(1)，30-48.

第 3 章　どのように知ろうとするのか
──言語・観察・心理検査による
　情報の収集

森田　　慎

> 　本章のテーマは，心理療法における情報収集である。そのため「情報収集⇒
> アセスメント⇒見立て」という一連の過程が最も重要視される初回面接を想定
> した内容となっている。初回面接の主な目的は，適切な治療関係の構築とクラ
> イエントから情報を収集して見立てを行うことであるが，これらのことは初回
> 面接だけでなくその後の治療面接にも当てはまることである。それゆえ，本章
> で書かれている情報収集とそれに関する事項の多くは，心理面接全般にも適合
> すると考えてよいであろう。

1　面接における情報収集

1-1　言語による情報収集
クライエントが話しやすい環境づくり

　クライエントから情報収集をするための前提として，セラピストはクライエ
ントが自発的に話しやすい環境を整える必要がある。そのためには，クライエ
ントが面接の場で暖かい雰囲気を感じられるように工夫するとよい（神田橋，
1994）。

　そして暖かい雰囲気づくりには，言葉ではなく，主に表情や態度などの非言
語的な方法を用いる。しかしそれらはあくまで常識的なレベルにとどめるべき
であり（神田橋，1994），セラピストが必要以上に理想化されたり，クライエン
トを魅了してしまうようなことは避けるべきである。

　また一般の人は，相手と親しい間柄になるために，ほめたり，お世辞をいうことがあるが，それらは面接室の中では控えた方がよい。クライエントの中には，ほめられた経験が乏しく自己評価が低い人や，他者を信頼しにくい人が多いので，ほめられても困惑したり，それをネガティブに受けとめやすいのである。

　言語面では，セラピストはクライエントに「的確にわかってもらっている」と感じてもらうことが大事である（神田橋，1994）。そのためには後述する"的を射た質問"（成田，2003）をすることや，クライエントの語りに含まれる感情を言葉にして伝えること（感情の反映）も有効であろう。

　また面接は対面で行うのが一般的であるが，思春期のクライエントのように繊細で緊張が高い人の場合は，セラピストはクライエントと顔の向きが90度になるように斜め前に座る方がよい（白石，1988）。クライエントはセラピストの視線を避けやすくなり，緊張や圧迫感を軽減できるからである。

クライエントの話を聞く

　ロジャーズ（Rogers, 1957 伊東訳 1966）は，心理療法によってクライエントの「パーソナリティが変化するための必要十分条件」として，次の6つの条件を挙げている。①二人の人間が，心理的接触を持っていること。②クライエントは，不一致の状態にあり，傷つきやすい，あるいは不安状態にあること。③セラピストは関係の中で一致しており，統合されていること。④セラピストは，クライエントに対して無条件の肯定的な配慮を経験していること。⑤セラピストは，クライエントの内的照合枠について共感的な理解を経験しており，この経験をクライエントに伝えるように努めていること。⑥セラピストの共感的理解と無条件の肯定的関心をクライエントに伝えることが最低限できていること。

　これらの中で**自己一致・無条件の肯定的配慮・共感的理解**は，セラピストの基本的態度といわれている。中でも共感的理解は，学派を超えて重要なことだと思われる。適切な治療関係を作り出し，クライエントに内面を語ってもらうためには，共感しながら話を傾聴することが大切である。

　ロジャーズ（Rogers, 1957 伊東訳 1966）は共感について，クライエントの怒

り，恐れ，混乱を，あたかも自分自身のものであるかのように感じ取り，しかも自分の怒り，恐れ，混乱がその中に巻き込まれないようにすることが条件である，と述べている。つまり，セラピストがクライエントの感情に巻き込まれてしまうと，それは共感ではなくなるのである。

　また白石（1988）によれば，共感するためには，クライエントとの間に適切な心理的距離を保つことや，クライエントに関する客観的，知的な理解も必要である。クライエントの状況や生育歴等についてある程度知っていなければ，セラピストは勝手な思い込みにもとづいて共感をすることになりかねない。このような場合も真の共感とはいえないだろう。

クライエントから話を引き出す技法

　田畑（1989）は，クライエント中心療法の技法を紹介しているが，それらの中でよく用いられるのは**感情の受容，感情の反映，繰り返し，感情の明確化**だと思われる。

　感情の受容とは，クライエントの話を「うんうん」などとうなずきながら受容的に聞いてゆく技法である。感情の反映は，クライエントの語りに含まれた感情をセラピストが感じ取り，クライエントに返す技法である。「長い間飼っていたペットが死んでしまったんです。家族同様の存在だったのですが」というクライエントに「それは残念ですね。おつらいでしょうね」とそこにあるであろう感情を伝える技法である。繰り返しとは，クライエントの語ったことの重要な部分をそのまま繰り返す技法である。たとえば「あまりに口うるさくいわれたので母と喧嘩してしまいました」というクライエントの言葉に「お母さんと喧嘩されたのですね」と返してゆくのである。また感情の明確化は，クライエントの話にまとまりがない場合などにセラピストが「あなたがいいたいのはつまり○○○ということですね」と話の内容を明確にする技法である。

　上記の中でクライエントの話を引き出すのにとくに有効なのは，最初の３つの技法だと思われる。しかし繰り返しは，病理の重いクライエントには用いない方が安全である。筆者は精神病圏のクライエントとの面接で，繰り返しを行うとクライエントが瞬きをすることに気づき，この技法を使うのをやめたこと

がある。神田橋（1990）は共感的理解を投げ返すのは，患者を抱えるより揺さ
ぶる効果の方が大きいと述べているが，この技法は，クライエントの反応を見
ながら慎重に用いる必要があるだろう。

　またスティーヴンソン（Stevenson, 1959）によれば，セラピストはクライエ
ントの話を聞きながらうなずいたり，「うんうん」と相槌を打つことで，クラ
イエントに「私はあなたの話を関心を持って聞いています」というメッセージ
を非言語的に伝えることになり，これによってクライエントはますます熱心に
話をしてくれるようになる。そしてセラピストが関心を持っていることが話さ
れたときにうなずくことで，セラピストが聞きたいことをより多く語るように
クライエントを方向づけることができる。このようなやり方は，感情の受容に
きわめて近いと思われるが，これだけでも必要な情報の多くを得られる事例も
あるのである。

クライエントへの問いかけ

　成田（2003）は，患者に治療者の有能性を伝え，信頼を得るために最も大切
なのは"的を射た質問"をすることであると述べている。"的を射た質問"と
は「患者の提示した材料に出発する質問」であり，その例として，語られたこ
との「前後に矛盾があればそこを聞く」「何かの変化が生じたときにその前の
出来事を聞く」「行動の背後にあるであろう感情を聞く」を挙げている。そし
て患者が聞かれるのはもっともだと思うようなことから質問をするべきで，患
者がなぜ聞かれるのかわからない質問は避けるべきなのである。

　またクライエントの話を聞いていると，理解しにくかったり，矛盾している
ように思われることがある。土居（1992）は「精神科的面接の勘所は，どうや
ってこの"わからない"という感覚を獲得できるかということにかかわってい
る」と述べ，クライエントの話にわからないと感じる能力を重視している。そ
して土居は，わからない点とは，精神分析の抵抗に相当する，と述べている。
つまりわからない点には，クライエントが意識することに耐えられないため，
無意識的に防衛されている心的内容が潜んでいる可能性があるのだ。そして
"わからない"点をわかるようにするためには，問うことが必要である。しか

し，わからない点があってもあえて聞かないこともある。

　ここで事例（成田，2007）をもとに，問うことについて考えてみよう。学校での規則違反，性的問題行動，不眠，頭痛などの症状を持つ女子高校生の事例である。クライエントは，夜遊びをして深夜に帰宅すると，母親はもう寝ていて何もいわないと語り，そのことについて「私は信用されているから」と話しているが，成田は本人が意識していない見捨てられ感，孤独感，怒りなどに治療者が気づくことの重要さを説いている。

　この事例では「私は信用されているから」という言葉に，セラピストは“わからない”“おかしい”と感じることが大切である。そしてこの点について母親が待っていなくてさびしくないかと問うべきか否かは，クライエントの母親からの自立の程度や不安への耐性を見立てて判断しなければならない（成田，2007）。この質問がクライエントを混乱させる可能性が高いと見立てるなら，クライエントの防衛を支持して黙って聞いておくだけにするのである（成田，2007）。

　ここでは，クライエントの言葉の背後にある感情が的確に見立てられている。しかし“わからない”点があってもそれに関する見立てが容易にできない事例もある。いずれにせよ“わからない”点について質問したり，もっと突っ込んで聞きたいと思うときには，それによって治療関係を損なわないように注意すべきだろう。

　土居（1992）は，“わからない”ことを“わからない”ままにしてとどまっていられるのは，面接者に必要な能力である，と述べている。そして“わからない”点をそのままにして面接を続けても，治療が展開することはよくあるし，後述するように，治療関係がもっと安定してから質問する方がよいことも少なくない（河合，2003）。

　以上，どのような点について質問するかについて述べたが，それだけではなく，語られたことに関するクライエントの主観的体験を聞くことも大切である。

　成田（2003）は，前述の“的を射た質問”の例として「行動の背後にあるであろう感情を聞く」を挙げているが，これはどのような気持ちでその行動に至

ったのかといった主観的感情体験を聞くということだろう。またスティーヴンソン（Stevenson, 1959）は，生育歴について事実を聞くだけではなく，患者にとってのそれらの意味や患者がそのとき示した態度についても検討する必要があると述べている。

　たとえばクライエントが，親の転勤で小学校入学以前から何度も引っ越しをした，と語った場合「引っ越しを何度もしたのですね。そのときにどう感じましたか」と問うとよいだろう。「引っ越すたびに新しい友だちができるのが楽しかった」と話すのであれば，クライエントはその頃から親しい友人からの分離に伴う悲しさや怒りなどの**陰性感情**を**抑圧**または解離してきたのだろうと推測できる。

　もちろん面接で語られるすべての出来事や行動について問う必要はない。主観的体験を語ってもらうことが見立てに有用と思われることが話されたら，その体験について聞くのである。しかしクライエントを混乱させる可能性がある場合には，質問を控えるのは，先の成田（2007）の事例と同じである。

　また主観的な体験を聞くためには「はい／いいえ」で答える**閉ざされた質問**よりも，「そのときどのように感じましたか」「それについてどう思いますか」などの**開かれた質問**をするのが一般的である。開かれた質問には，クライエントに自由に語ってもらえるという長所があるためである。それに対して閉じられた質問は，クライエントが自由に語れず，セラピストに同調させてしまうおそれがある。クライエントが「中学時代は運動部で毎日遅くまで練習していました」と話してくれたときに「それはよい経験だったでしょ」と問うと，クライエントにとって嫌な体験であっても「はい，よかったです」と反応しがちになるだろう。

　しかしすべてのクライエントに開かれた質問が適切であるわけではない。**自閉スペクトラム症**のクライエントに開かれた質問をすると，何を問われたのか理解できないことがある。そのような場合にはもっと具体的に聞くことが必要になる。質問の仕方をクライエントの特性や反応によって考えなければならない。

情報収集が難しいクライエント

　先ほど，セラピストがうなずいたり，相槌を打つだけでクライエントはたくさん話し，話す内容を統制できるという知見（Stevenson, 1959）を紹介したが，セラピストが一生懸命うなずいてもあまり自発的に話してくれないクライエントもいる。そのような場合は，セラピストの方からクライエントの語ったことについて適切な質問をして，話を広げてゆく必要がある。

　また，緊張が高く質問しても一言で答えるだけで，話の続かないクライエントもいる。このような事例では，情報収集は十分にできなくても，クライエントが話しやすい趣味などについて語ってもらったり，**描画療法・箱庭療法**などの非言語的な技法を用いることでクライエントが徐々に話してくれるようになることがある。

　さらに，思春期のクライエントには，自分を取り巻く現実にかかわる話を避けたがる人が多い。親子並行面接を行っている場合には，現実的な情報は親面接から得るようにする。クライエントだけが面接を受ける場合にも，思春期のクライエントとの治療関係は壊れやすいので，情報収集は最低限にする方が安全である。家族や学校のことを聞くよりも，漫画やアニメ，音楽などクライエントが関心を持っていることを自由に話してもらうのがよいだろう。そのような場合には，クライエントが漫画やアニメの誰に同一化しているかを考えることで，クライエントの内面を推測できることもある。そしてそれらの話を続けているうちに，個人的な問題が語られるようになることも少なくない。

　逆にクライエントがたくさん話してくれても，セラピストがクライエントの語りをコントロールしにくい事例もある。たとえば，尋ねていないのに，過去の外傷的な辛い体験を一気に話し続けるような場合である。このようなクライエントは秘密を保持し，語るべきときに語るという判断力などがないので，治療は困難になることが多く，セラピストがその話を止めた方がよいこともある（河合，1992）。

　また複数の人物が話の中に登場するが，どの人の話をしているのかわかりにくいこともある。このような事例の情報収集は非常に難しいが，先述した感情

の明確化などを用いて話を整理することが必要であろう。

治療関係と情報収集のジレンマ

　ここまで，主に言語による情報収集について述べてきた。**治療関係**の構築と情報収集の両方をあまり無理なくできる事例もあるが，そうでない事例もある。クライエントの気持ちを無視して情報を集めようとすると，クライエントはセラピストに不信感を持つことになるだろう。その反対に治療関係を損なわないように，"わからない"点を問うことをしなければ，見立てが難しくなる。このように，治療関係と情報収集の間にジレンマが生じる（河合，2003）ことはよくあることである。

　河合（2003）は，クライエントの現状をより確実に把握したい場合や，病理の水準を確定したい場合には色々と質問をしなければならないし，その中にはクライエントを不愉快にするようなものもあるが，クライエントと深い関係を持ち，クライエントの潜在的可能性に注目しようとするときには，クライエントの話に矛盾や抜けたことがあっても，質問せずにできる限りクライエントの自主性を尊重する態度で話を傾聴する，と述べている。この後者のようなやり方は，治療関係を最大限に重視しているといえるだろう。

　一般的には治療関係を情報収集よりも重視することが原則である。適切な治療関係がなければ，クライエントの自発的な語りは展開しにくいし，治療面接も困難になるからである。しかし河合（2003）が述べているように，関係性をある程度犠牲にしても情報収集をしなければならないこともある。このように治療関係と情報収集のどちらをどの程度重視するかは，セラピストが置かれている状況やセラピストの考え方によっても変わってくる。

　また初回面接で情報収集をどの程度まで行うのが望ましいと考えるかは，学派やセラピストによって異なる。筆者の経験では，家族構成・生育歴・病歴など，初回面接で聞くべきとされている事項を詳細に100％聞こうとするのはよくないと思われる。クライエントが嫌な顔をせずに質問に答えてくれる場合でも，内心はうんざりしているかもしれないし，尋問をされているような印象を与えることになりかねない。そういうことを避けるためにも，情報収集は十分

でないところがあっても，クライエントとセラピスト両者にとってあまり負担に感じない程度にとどめる方がよいだろう。

　治療関係を大切にする場合には聞けないままの情報が残ることが多い。聞けなかった情報は，後に治療関係が安定し，自然に質問できるようになった段階で聞いてもよいし，それに関する話がクライエントから自発的に出てきたときに聞くようにすればよい。そのためには見立てに，どの情報が不足しているのかをわかっていることが必要である（河合，2003）。

1-2　観察などによる非言語的情報の活用

　クライエントの表情や声の調子，感情が伝わってくるかどうか，態度，服装，外見などの非言語的情報は，**臨床像**という言葉に包摂されることが多いが，これらは言語からは得られない大切な情報を与えてくれることがある（表3-1）。

　たとえば，クライエントは質問されるのを嫌がっていてもそれを直接いってくることは滅多にない。セラピストは表情や態度を観察して，クライエントがどのように感じているかを察知しなければならない。それによってクライエントが不快に感じる質問を避けることができる。クライエントが不快そうな表情をした場合には，なぜそうしたのかを考える必要があるだろう。

　クライエントが症状について話しているのに，セラピストにはどこか他人事を語っているように感じられ，感情が伝わってこないような場合は，クライエントが受け入れられない感情を**解離**したり抑圧している可能性がある。また，クライエントがセラピストに理解しにくい態度をとる場合，**転移**が生じていないかを考える必要があるだろう（河合，1970）。

　服装や外見に注目するのは，そこに心理的状態が反映されていることがあるからだ。暗い色の服ばかり着てきたり，身だしなみに無頓着に見えるクライエントが，治療の進展とともに，カラフルな服装や，清潔な身だしなみをするようになることもある。これは気分の変化や，自分自身を外側から見られるようになったことを反映している可能性がある。体型にも，心理的な要因が働いていることがある。肥満は，空虚感を埋めるために，たくさん食べてしまった結

表3-1　非言語的な情報の例

表情	態度	服装・化粧	身体	見た目	声の調子	話のわかりやすさ
顔色 表情の豊かさ 視線	特異な態度 硬い 一柔らかい	似合っているか 派手一地味 年齢相応か	体つき 肥満一痩せ	年齢相応か 幼い 一老けている	大きさ テンポ 感情の伝わり具合	わかりやすいか 時系列に沿っているか

果かもしれない。表情や態度，服装や外見などについて，初回面接以降も継続的に観察していくことも大切なことだろう。

　ひとえに観察といっても，心理療法では，セラピストは最初からクライエントとの相互関係の中にいる。サリヴァン（Sullivan, 1953 中井・山口訳 1976）は**"関与しながらの観察"**という言葉を用いているが，セラピストが観察したり感じることは，クライエント側の要因だけではなく，クライエントとセラピストとの関係から生じている面があることを忘れてはならない。

1-3　セラピストの体験の活用

　クライエントは深刻な話はしていないのに，聞いているとひどく疲れる，眠くなるなどのセラピストの体験は，**逆転移**と呼ばれる。フロイト（Freud, 1910 小此木訳 1983）は，逆転移について，医者自身の人格に関係し，患者の影響によって医者の無意識的感受性のうえに生じると述べ，逆転移は治療の妨げになると考えていた。しかしハイマン（Heimann, 1950）は，精神分析家の患者への情緒的反応は，分析家の作業の最も重要な手段の１つであると述べ，心理療法に逆転移を活用できると主張した。現在では逆転移という言葉は，面接中や面接の前後にセラピストが感じるあらゆる体験を意味することが多いと思われる。そしてそれらが治療に有益な情報となることも少なくない。

　河合は，クライエントが普通に話しているのに，ひどく疲れたり，わけのわからない攻撃性を感じるなどのセラピストの体験が**潜在性精神病**を見分けるための一つの指標になりうること（河合, 1992）や，クライエントに不思議な魅力を感じたり，不可解な嫌悪感を感じるようなときは，クライエントが**境界例**である可能性を検討しないといけないと述べている（河合, 2003）。これらは病

理の判定の材料として逆転移を用いているといえるだろう。

　筆者が担当した事例では，クライエントは会社の上司に頻繁に叱責されており，筆者（セラピスト）にはパワーハラスメントを受けているように感じられたが，クライエントは上司について「私のことを思って叱ってくれる」と肯定的に話し，筆者はその話を聞いてひどくイライラした。これは，クライエントが抑圧している上司への激しい怒りに筆者が反応していた可能性がある。

　以上のように，逆転移はクライエントについての理解や洞察をもたらしてくれることがあるが，セラピスト自身の問題から生じることもある。上記の筆者の事例では，筆者自身の父親との葛藤が，クライエントの上司に投影された可能性もある。逆転移がクライエントの問題に起因するのか，セラピストの問題からきているのかを見分けることは困難なことも多いのである。

1-4　初回面接と治療面接の違い

　初回面接と**治療面接**ではどのような点が異なっているのだろうか。ここでは両者の違いについて考えてみよう。

　前述したように，初回面接の主な目的は，適切な治療関係を築くことと，見立てを行うことである。そのため見立てのための質問が多くなる。一方治療面接の目的は，クライエントの主訴や心理的問題の解消である。セラピストは質問することもあるが，クライエントの話を共感的に傾聴することがより重要になる。

　しかし実際には，両者はそれほど大きく異なっているわけではない。初回面接で治療関係を構築してクライエントの自発的な語りを発展させるためには，共感や傾聴が必要であり，初回面接から心理療法は始まっているといえる。また治療面接は初回面接での見立てにもとづいて行われるが，治療面接の過程で見立てと矛盾する情報が得られた場合には，再度見立てを行うことが必要になる。治療面接でも常時アセスメントは行われているのである。

　また，初回面接で**インテーカー**が面接を行い，治療面接は他のセラピストが担当する場合と，初回面接を行ったセラピストが，治療面接も引き続き担当す

る場合がある。伊藤（1991）によると，前者の場合，経験豊かなインテーカーが適切な判断を下すほど，インテーカーへの**陽性転移**が生じやすくなり，後に面接を担当するセラピストが，適切な治療関係を築くことが困難になりやすい。インテーカーは，そのような影響をできるだけ小さくするように配慮しなければならない。後者の場合は同じセラピストが，初回面接に引き続いて治療面接も担当するので，初回面接は前者に比べてより治療的な性質を帯びるだろう。

2　心理検査

2-1　心理検査の目的

　ここまで，心理的アセスメントに必要な情報を得る方法について説明してきたが，これらに加えて**心理検査**が用いられることも多い。セラピストによっては，心理検査を用いない人もいるし，事例の性質によって用いる場合もある。しかし**投影法**ではクライエントの無意識的な面が，ウェクスラー式知能検査ではクライエントの能力の偏りがわかるなど，面接からは知ることのできない貴重な情報が心理検査によって得られることが多い。

　筆者はあるクライエントに初回面接を行い，引き続き治療面接を行っていたが，あるときから突然妄想的な症状が出て，それが収まる気配がないので精神科を紹介したことがある。初回面接で施行したバウムテストは，幹の上部は開いていて，それを覆う樹冠も幹に接しておらず，幹と樹冠の間は大きく空いていた。このことはクライエントの心の内と外が明確に分けられていないため，空想と現実を混合しやすい傾向があることを示唆している。筆者はこの点に気づいていたが，面接での話や態度からは，クライエントが**精神病圏**であるとは思われず，その後何年も経ってはじめてその意味することを実感したのであった。このようなバウムを描くすべてのクライエントが精神病的症状を示すようになるとは限らない。しかしこうした事例では，検査結果に示された潜在的な問題を心に留めながら面接をゆっくり進めていくことが大切であろう。

　また心理検査は多種多様であるが，知りたい目的に応じた検査をする必要が

ある。そしてクライエントには，事前に検査をする理由を説明して了承を得ることが望ましい。このことは，クライエントへの負荷が大きい知能検査や投影法などではとくに大切だと思われる。

2-2　構造化の程度とクライエントに与える負荷

　ここでは心理検査について**構造化**という観点から考えてみることにする。「構造化された検査」とは，検査の目的や被験者のなすべき課題が明確に決められている検査であり，「構造化のゆるい検査」とは，検査目的や評価基準，被検者の課題が曖昧な検査のことである（馬場，2004）。

　質問紙法は質問項目が決まっていて，それにどの程度あてはまるかを答えるだけである。これに対して，**投影法**であるバウムテストでは「木を1本描いてください」と教示するが，樹木には無数の種類があり，それをどのように描くかは被検者に任されている。このように質問紙法は投影法に比べて，構造化の程度が高いといえる。

　構造化の程度が低いことは，クライエントがより自由に反応できるという長所があるが，その反面どのように反応するかは難しくなり，クライエントにより大きな負荷を課すことになりがちである。「木を1本描いてください」よりも「自由に何かを描いてください」と教示した方が構造化の程度は低くなり，描画はいっそう困難になることが多い。

　しかし構造化の程度が高い検査の中にも大きな負荷を課すものもある。とくにウェクスラー成人知能検査（WAIS）は，通常2時間かそれ以上の時間を要し，クライエントだけでなくセラピストにも大きな負荷がかかる。

　構造化の程度が低い投影法では，クライエントに「できません」と拒否されることがあるが，その場合は無理強いをしないのが望ましい。そしてクライエントが拒否をしたことや，拒否の仕方が見立ての材料になることもある。専門家に検査を受けるようにいわれて拒否することは，自我にある程度の強さがなければできないのである。

　医師に心理検査をどうしてもするように指示された場合には，クライエント

が拒否しても，やや強引に検査をしなければならないこともある。そういう場合には，検査の目的やそこからわかることについて丁寧に説明することで，拒否が取り消されることもある。

2-3　テストバッテリー

テストバッテリーとは，複数の心理検査を組み合わせて実施することである。検査の組み合わせは，何を目的にするかによって異なってくる。たとえば，クライエントの意識面と無意識面の両方を調査するために，質問紙法と投影法が用いられることがある。抑うつを主訴とするクライエントに，自己評価式抑うつ性尺度（SDS）とロールシャッハテストを施行する場合などがこれにあたる。

　また，クライエントの無意識的傾向や**病理水準**を明らかにしたいときに，ロールシャッハテストとバウムテストなど，複数の投影法を行うこともある。複数行うのは，解釈仮説によって明らかになる点が検査によって違うことや，投影法でも検査によって反映される投影水準が異なる（馬場，1969）からである。

　また自閉スペクトラム症（ASD）の可能性を検討するために，WAIS と P-F スタディ（絵画欲求不満テスト）を実施することがある。これは，ASD の人は，一般に WAIS の下位検査の評価点にばらつきが多く見られ，P-F スタディでは場面にそぐわない反応が見られることが多いからである。しかし検査結果にこのような特徴が見られたとしても，ASD と断定することはできない。診断は医師にしか認められていないし，以下に述べるように，心理検査からの情報は絶対的なものではないのである。

2-4　心理検査の解釈とフィードバック

　前述のように，見立てのための情報収集には，クライエントからの言語的情報，観察などによる非言語的情報，心理検査があるが，これらすべてを総合的に吟味して**見立て**を行う。心理検査も検査結果だけはなく，それ以外の情報とも関連づけて考えるべきである。そしてクライエントの問題点だけでなく，優れた点や可能性についても考える必要があることを忘れてはならない。

　心理検査の結果の**フィードバック**は，検査者が行う場合と，病院などでは，検査を依頼した医師が行う場合がある。医師に宛てて患者の所見を書く際には，医師が心理検査に何を求めているのかを事前に知っておく必要がある。セラピストはその目的に沿って所見を書く。また医師は忙しいので，長々とした所見よりも簡潔な所見を求めることが多いと思われるが，より詳細な所見を求められることもあるかもしれない。

　検査者自身がフィードバックする場合には，クライエントと検査結果について話し合い，クライエントが自己理解を深められるようにするとよい（竹内，2009）。そのためにもクライエントを傷つけないように，結果をどのように伝えるかを事前に考えておく必要がある。一般的には，肯定的な点を先に伝え，その後に否定的な点を伝えた方が，クライエントに受け入れやすいと考えられる（竹内，2009）。

　検査者がセラピストとして引き続き心理療法を担当するならば「問題を解決するために一緒に考えていきましょう」といった，今後に向けて互いに協力していけるような方向で合意できることが望ましいだろう。

❖考えてみよう

　あなたがこれまでに共感してもらった経験と，共感を求めてもしてもらえなかった経験について思い返してみよう。そして他者に共感することがなぜできるのか，考えてみよう。

　もっと深く，広く学びたい人への文献紹介

成田　善弘（2007）．新訂増補 精神療法の第一歩　金剛出版
　　☞精神科医によって書かれているが，心理職で働いている人や，それを目指している人に是非読んでほしい本。
河合　隼雄（2003）．臨床心理学ノート　金剛出版
　　☞見立てや心理検査のことも含めて，心理療法の様々なトピックについて書かれている，大変勉強になる一冊。

引用文献

馬場　禮子（1969）．投影法における投影水準と現実行動との対応Ⅰ　ロールシャ

ッハテスト　片口 安史・秋山 誠一郎・空井 健三（編）臨床心理学講座2
人格診断（pp. 118-136）誠信書房

馬場 禮子（2004）．精神分析学と臨床心理学　氏原 寛・亀口 憲治・成田 善
弘・東山 紘久・山中 康弘（編）心理臨床大事典 改定版（pp. 109-113）
培風館

土居 健郎（1992）．新訂 方法としての面接──臨床家のために──　医学書院

Freud, S. (1910). *Die Zukünftigen Chancen der psychoanalytischen Therapie.
Zentralblatt für Psychoanalyse, Bd. 1 (1-2)*, 1-9.
（フロイト，S. 小此木 圭吾（訳）（1983）．精神分析療法の今後の可能性
フロイト著作集9（pp. 44-54）人文書院）

Heimann, P. (1950). On Counter-Transference. *International Journal of
Psychoanalysis, 31*, 81-84.

伊藤 良子（1991）．初回面接 河合 隼雄（監修）三好 暁光・氏原 寛（編）臨床
心理学2 アセスメント（pp. 99-122）創元社

河合 隼雄（1970）．カウンセリングの実際問題　誠心書房

河合 隼雄（1992）．心理療法序説　岩波書店

河合 隼雄（2003）．臨床心理学ノート　金剛出版

神田橋 條治（1990）．精神科治療面接のコツ　岩崎学術出版社

神田橋 條治（1994）．追補 精神科診断面接のコツ　岩崎学術出版社

成田 善弘（2003）．精神療法家の仕事　金剛出版

成田 善弘（2007）．新訂増補 精神療法の第一歩　金剛出版

Rogers, C. R. (1957). The Necessary and Sufficient Conditions of Therapeutic
Personality Change. *Journal of Consulting Psychology, 21*, 95-103.
（ロージァズ，C. R. 伊東 博（編訳）（1966）．パースナリティ変化の必要に
して十分な条件　ロージァズ全集4　岩崎学術出版社）

白石 大介（1988）．対人援助技術の実際　創元社

Stevenson, I. (1959). The Psychiatric Interview, In S. Arieti (Ed.), *American
Handbook of Psychiatry (1st ed), Vol. 1*, (pp. 197-214), Basic Books.

Sullivan, H. S. (1953). *Conceptions of Modern Psychiatry*. New York: W. W.
Norton & Company Inc.
（サリヴァン，H. S. 中井 久夫・山口 隆（訳）（1976）．現代精神医学の概
念　みすず書房）

竹内 健児（2009）．心理検査の伝え方と活かし方　竹内 健児（編）事例でわか
る心理検査の伝え方・活かし方（pp. 7-23）金剛出版

田畑 治（1989）．来談者中心療法　上里 一郎・飯田 眞・内山 喜久雄・小林 重
雄・筒井 末春（監修）メンタルヘルス・ハンドブック（pp. 534-548）同
朋社

第Ⅱ部

心理的アセスメントの方法

第4章　知能検査・発達検査
——心の知的な部分を知ること

> 　日本で今使われている心理検査はおそらくかなりの数に上ると思われる。それらには色々な分類方法があり，本書でもその分類には苦慮している。つまりは人の「心」を測ること自体が難しいために，いろいろな方法が考案され，様々な心の一部分やある一定の状態や動きを取り出して示そうとしている。質問紙法や投映法は，その方法の違いや意識・無意識という状況を探ろうとする試みの違いでもあろう。しかし心理検査の中でも今示した分類とは異なった視点のジャンルが，本章で取り上げる知能検査・発達検査であるように思われる。つまり人間の心のあり様を「知」・「情」・「意」と考えると，知に該当するところであり，むしろ誰もがイメージしやすい部分でもある。とくに学校での学力に関係するイメージがあるためにより身近である。本章では，これらの検査について紹介していく。

1　知能検査

1-1　知能とその研究の歴史

　親は多かれ少なかれ，自分の子どもたちの知能に興味を持ち，「知能が高い→優秀→社会での成功」と考える傾向があるように思える。一方で知的障害があると疑われる場合は，社会適応への援助のあり方が変わってくるため，その子どもの人生や日常生活に大きな影響がある。

　しかし，一言で知能といっても頭がよいか悪いかという単純なものではなく，幾多の能力が複合的に存在している。たとえば文系か理系か，記憶力がよいか，

計算に強いか，単純作業が早くてミスがないか，応用力が高いか，創造性が豊かか……などの能力は，人それぞれに得手不得手があり，それが個性でもある。ここに示したような，ある特定の能力の個人差をみるための物差しが知能検査であると考えることができる。そしてこの知能検査の結果として導き出される「知能指数（IQ：intelligence quotient）」という言葉は，学校教育との関係で日常生活でも使われることも多く，時折アニメや映画などにも「IQ200の天才少年」などというキャラクターが出現するように，比較的なじみのあるものであろう。

　人間の知能に関する問題は心理学の領域でも古くから研究され，その対象とする範囲や考え方，取り扱い方には専門家間にも違いが見られ，様々な理論が展開されている。一般因子と特殊因子の 2 因子に分ける**スピアマン**（Spearman, C.）の考え方や，**サーストン**（Thurstone, L. L.）や**ギルフォード**（Guilford, J. P.）の知的能力を細かく多因子に分類したものから，**ダス**（Das, J. P.）らの情報処理の観点を用いた PASS 理論，3 層構造を提唱する CHC 理論，そして知能検査によって測定されるものを知能と定義しようという操作的なものまでかなり幅が広い（大六，2019）。ここでは後で登場する**ウェクスラー**（Wechsler, D.）の知能の定義を代表として紹介する。

　知能を操作的に定義すれば，目的を持って行動し，理性的に考え，自分の環境に効果的に対処する個人の集合的もしくは全体的な能力のことである（高橋・津川，2015）

　ただし，上記の定義は抽象的すぎて読んでも実感がわかないかもしれない。そのときは，実際の知能検査の項目を見て，何が質問されているかを確認することにより，知能に関する具体的なイメージが実感できる。このような帰納的な方法は，知能検査で測られるものが知能であるという操作的な定義にもつながるかもしれないが，少なくとも初心者が知能検査を理解していくためには，とても実用的な方法である。

1-2　知能検査のルーツ──ビネー式知能検査

　歴史上初の知能検査は，フランスの**ビネー**（Binet, A.）が**シモン**（Simon, T.）
とともに，知的障害などの子どもたちに特別な教育を受けさせるために1905年
に考案した知能検査尺度といわれている。この検査は，知能の定義を研究する
ために作られたのではなく，より実践的な現場のニーズから生まれたものであ
った。このビネーの方法では，子どもの知能の発達水準を示す現在の**精神年齢**
（**MA**：mental age）の概念が提案され，1916年にアメリカの**ターマン**
（Terman, L. M.）が再標準化した**スタンフォード・ビネー知能検査**からは，こ
のMAにもとづいて知能指数を算出する方法が採用され，良くも悪くも知能
検査を代表するものとして，「IQ」という用語がポピュラーに使われることと
なった。このMAは困難度の異なる問題を各年齢段階に応じて用意し，被検
者がどの年齢段階の問題まで解くことができたかによって測定する**年齢尺度法**
を用いて導き出す（生澤，2004b）。

　以下がIQの算出式であり，このIQは精神年齢を生活（暦）年齢（CA：
chronological age）で割る方法から算出するので，「**比（率）IQ**」とも呼ばれている。

　　IQ＝精神年齢（MA）／生活年齢（CA）×100

　我が国では数種類のビネー式知能検査が存在するが，アメリカのスタンフォ
ード・ビネー知能検査を日本国内で再標準化した**鈴木ビネー知能検査**（現在の
最新版は2007年改訂版）と**田中ビネー知能検査**（現在の最新版はV）の2つが有
名である。

1-3　ウェクスラー式知能検査

　上述のビネー式知能検査が主に一般知能を測定することに対して，知能はい
くつかの能力の集まりであるという考え方を採用しているウェクスラー式知能
検査が知能検査領域でもうひとつの大きな群を成しており，我が国では知能検
査の代表格としてよく使用されている。アメリカのウェクスラー（Wechsler,
D.）が1939年に成人知能検査（WAIS：Wechsler Adult Intelligence Scale）を発表

し，その後対象年齢を引き下げた WISC（Wechsler Intelligence Scale for Children），WPPSI（Wechsler Preschool and Primary Scale of Intelligence）などの検査が開発・改訂された。我が国では現在，**WPPSI-Ⅲ 知能検査**（2 歳 6 か月～ 7 歳 3 か月），**WISC-V 知能検査**（5 歳 0 か月～16歳11か月），**WAIS-Ⅳ 成人知能検査**（16歳 0 か月～90歳11か月）の 3 種類が刊行されている。ウェクスラー式知能検査では，MA や比 IQ ではなく，下位検査ごとに点数化し，同年齢集団の中での偏差値を求めて算出する**偏差知能指数**（偏差IQ）を採用している。これは同年齢集団内で被検者の知能水準がどの程度平均値からズレているかを表すもので，平均100，標準偏差15とされている。つまり高校の実力テストの結果が50という数値を中心とした学力偏差値で表されるように，同年齢集団の位置づけが100を中心として表されている。なお田中ビネー知能検査Ⅴでは，比 IQ 以外に高年齢に対してこの偏差 IQ を採用している。

　学童期以降の子どもの臨床現場で，現在でもよく使用されているのはWISC-Ⅳ である。全検査 IQ，言語による理解力・推理力・思考力に関する**言語理解指標**（VCI），視覚的情報の推理能力などに関する**知覚推理指標**（PRI），一時的な情報を記憶し処理する能力に関する**ワーキングメモリー指標**（WMI），視覚情報処理のスピードに関する**処理速度指標**（PSI）の 5 つの合成得点からなる構成となっている。満点や 0 点など天井効果にならないような問題レベルの改善，得点の指標間差の出現率，プロセス分析，下位検査における強い弱いの個人内差，検査時間の短縮など，いくつか改善や分析の深化が加えられている（ウェクスラー，2010）。

　2021年に最新の改訂版 **WISC-V 知能検査**が公刊され，今後は WISC-V が標準となっていくと考えられる。この検査では WISC-Ⅳ の知覚推理（PRI）指標が**視空間指標**（VSI），**流動性推理指標**（FRI）に分けられ，全検査 IQ と 5 つの主要指標と付加的な認知能力の情報を示す 5 つの補助指標も加えられた。

1-4　その他の検査

①日本版 KABC-II・日本版 DN-CAS

日本版 KABC-II は，ルリア（Luria, A. R.）の理論をもとに，認知処理過程（継次処理，同時処理，計画能力，学習能力）に焦点を当てて知能を測定することを目的にカウフマン（Kaufman, A.）らによって開発された。さらに教育的観点から習得度尺度を加え，学校教育場面で使いやすく作られている。対象年齢は 2 歳 6 か月～18歳11か月と幅広く対応できる。また CHC 理論をベースにした解釈も可能となった。

日本版 DN-CAS は，ダス（Das, J. P.）の PASS 理論によって導かれた，計画，注意，同時処理，継次処理の 4 つの認知処理過程を理解するもので，対象年齢は 5 歳 0 か月～17歳11か月である。KABC-II とも共通する部分もあるが，注意欠如・多動症（ADHD）などの発達障害[1]の発見にも使いやすいとされている（大六，2019）。

②集団式知能検査

ビネー式，ウェクスラー式ともに検査者と被検者が 1 対 1 で行う個別的な方法で施行するのに対し，集団で一斉に施行する知能検査がある。もともとは第一次世界大戦下で，軍隊で利用するために開発されたのだが，我が国では非言語的要素で構成される**田中B式知能検査**がその流れをくんでいる。その他に**京大 NX 知能検査**，**東大 A-S 知能検査**など，学校教育場面での利用を考慮したものもある。集団式は一斉に多くの被検者に行える利点はあるが，得られる情報の精度は個別式に比べて低くなる。そして学校場面などの集団で知能検査を行うこと自体が，差別・選別を助長するなどの倫理的問題やプライバシー保護などの観点からも，現代の考えには合わなくなってきている。

③グッドイナフ人物画知能検査（DAM）新版

DAM はグッドイナフ（Goodenough, F. L.）によって考案されたもので，人を

➡1　筆者は本章では「平均的ではない発達の道筋の個性」として考えている。また「害」の字を「がい・碍」と表記する精神には賛同であるが，表記の混乱を避けるためにあえて害という漢字を使用している。

１人描いてもらい，採点要領に沿って得点化し，MA に換算するものである。
我が国では，1976年に小林重雄らによって改訂標準化され（小林，1977），2017
年に再標準化されたものが，公刊されている。適用年齢は MA が３歳０か月
〜８歳６か月であり，子どもの協応性，ボディイメージ，空間認知などの動作
性の能力を測定している。簡便に行えるため，言語発達に問題のある障害児な
どへの広範囲な適用が可能である。ただし，あくまで知能測定の補助手段とし
て，他の検査と組み合わせて使用することが望ましい。

2　発達検査

2-1　発達検査の特徴

　大人や児童に関しての知能の概念や検査については前節で述べたようである
が，心身の発達が未分化な乳幼児では同じようにはいかない。とくに乳児に近
くなればなるほど，言語の理解や発話能力にも制限があるため，言語を媒介と
することが前提の知能検査の方法はかなり困難となる。そのため，歩くなどの
身体運動，手を使った操作や遊び，人とのコミュニケーション能力や社会的行
動，生活習慣などの各領域の能力を分析し，子どもの生活能力全般を把握する
検査が発達検査として考案されていった。知的能力という概念をストレートに
測るのではなく，それがどのように子どもの状態像に反映されているのかを間
接的に測っていこうとする試みでもある（生澤，2004a）。

　発達検査では IQ を使用しないが，それに類似するものとして**発達指数**
（DQ：developmental quotient）を算出する。ビネー式知能検査が用いている年
齢尺度の考え方を利用する比 IQ の考え方を採用しており，MA の代わりに**発
達年齢**（DA：developmental age）を使用する。知能検査のルーツをそのままに
守ってきたともいえるし，時間軸に沿って発達していく子どもを対象とすると
いう発想（発達の**順序尺度**の概念）が根底に流れているといえよう。

　我が国では，**母子保健センター**の１歳６か月児健診，３歳児健診などの場で
心理職による**発達相談**が充実している。そして健診後に発達障害などが疑われ

るケースでは，各市区町村の健診のフォローアップの場や児童相談所，発達障害支援センター，療育センター，乳幼児の発達を専門とする病院などで精密検査が行われ，発達の問題が明確になった場合にはその対応が検討されていく。乳幼児期には病院臨床以外にも，これらの健診や行政機関の発達相談という場面で発達検査が多く使用されている。このような流れがあるため，発達検査は，大半が乳幼児に使用されるが，知能検査が使用困難な成人の障害者にも利用されることがある。しかし，以下では使用頻度の高い乳幼児の発達検査を中心に解説を行う。

2-2　乳幼児の発達検査の方法

　発達検査を通して乳幼児をアセスメントする場合には，大きく分けて2つの方法がある。それは，従来の知能検査のように，検査者が直接子どもから情報を得る方法（検査法）と，保護者（保育者）側から見た子どもの状況を質問紙で回答するないしは検査者によって聴取する方法である。しかし，実際にはこの2つを補完的に遂行することで，アセスメントに深まりが出てくる。乳幼児の発達検査はこの2つの方法を適宜用いて，発達途上で言語による自己表現が不得手な乳幼児を理解していくことが重要である。

　乳幼児に限らず，保護者との直接的な面談の中で，生育歴や日常生活情報を聴き取り，子ども側の要因および環境要因の特殊性や偏りなどの重要な情報を得ることが，厚みのある子どもの発達理解につながり，ここで得られた情報によって発達障害や子ども虐待のリスクをも検討していくことになる。

2-3　検査法

①新版K式発達検査

　知能検査のように被検者に直接検査を施行する発達検査はあまり多くない。こういった直接施行の発達検査法の代表格として，我が国では新版K式発達検査（Kyoto Scale of Psychological Development）（以下，新K式）があり，乳幼児に対してよく使用されている。新K式は，1951年に京都市児童院（現：京都市

児童福祉センター）で生まれ，2002年に成人にまで尺度を広げた新版Ｋ式発達検査2001が発刊され，その後約20年ぶりの2020年に再改訂された**新版Ｋ式発達検査2020**が最新版となっている。

　新Ｋ式2020は，それ以前の関西中心の標準化から，全国に対象を広げて地域格差を是正した。また，新Ｋ式2001で手薄であった部分に新たな検査項目を加えるなどして，全339項目の検査項目が０歳０か月～成人までの範囲で，検査用紙上に標本全体の50％の人数が通過する年齢範囲の場所に配置されている。全５枚（葉）の検査用紙のうち，７歳までの発達年齢に４枚を使用しており，就学までの年齢に精度が高く，威力を発揮できる。検査項目は，４歳までの身体機能を測定する「①**姿勢・運動領域**（Postural-Motor Area：P-M）」，ものの認知や操作を中心として測定する「②**認知・適応領域**（Cognitive-Adaptive Area：C-A）」，言語を用いた認知や操作および社会的能力を中心として測定する「③**言語・社会領域**（Language-Social Area：L-S）」の３領域に分けられ，比IQの換算方法を用いて，それぞれの領域のDA，DQと全領域のDA，DQを加えた４種類の数値が得られる。ただし，田中ビネーⅤと同様に，14歳以上には**偏差DQ**を採用することになった。それぞれの検査項目の判定基準が満たされた反応があれば通過（＋），基準に満たなければ不通過（－）を記載して，例外を除いたうえでプロフィールというラインを引き，プロフィールの左側にある通過した（通過とみなした）検査項目の数を計算し，換算表からDAが導き出され，DQが計算される。

　図4-1は架空事例の新Ｋ式2001の検査結果である[2]。このプロフィールは，検査用紙上の検査項目が（＋）から（－）に移り変わる境目をはっきり示すために引かれたラインであり，検査用紙の左（年齢が小さい方）から右（年齢が大きい方）へ押し上げられていく「発達の最前線ライン」とでもいうべきものである。検査者は発達的常識を働かせて適切な検査項目を実施し，プロフィールを引いていき（筆者はこれを「桜前線」と形容している。）（大島他，2013），これが

➡2　新Ｋ式2020と基本的側面は変更がないために事例として採用した。

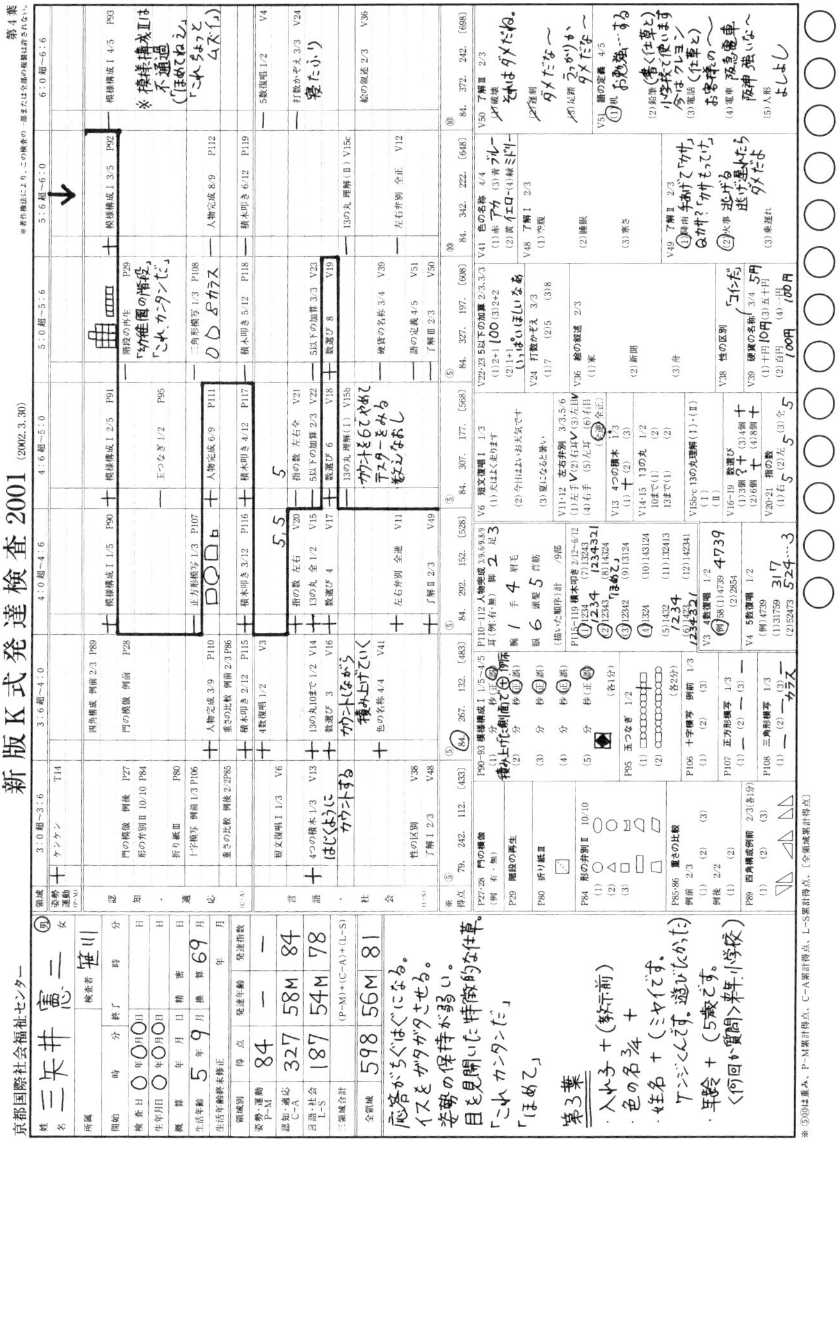

新版K式発達検査2001　(2002.3.30)

京都国際社会福祉センター

図4-1　架空事例の検査結果

(出所) 川畑他 (2005)

引き終わったときが検査終了である。新Ｋ式においてこのプロフィールは，DQ などの数値よりも大変価値がある。つまり，検査用紙上の（＋）と（－）の行間を読み，絶対に間違えない磐石な（＋）なのか，基準ぎりぎりの（＋）なのか，惜しくも基準に満たない（－）なのか（筆者はこの状況を（÷）と表現），やっぱりまだまだ（－）なのかを考えていくことが，解釈に厚みを持たせていく。また，検査項目どうしの「斜めの関連」（同じ年齢領域の各課題の出来を追う「縦の関連」や，各課題がどの年齢領域までできているかを追う「横の関連」以外の関連）の理解も解釈に大いに役立つ。そして，他の知能検査には見られない新Ｋ式の最大の特徴は，実施順序が決まっていない（乳児期の領域を除く）ことである。実施順序が決まっていないからこそ，様々な個性の子どもたちは臨機応変に「検査＝遊び」と認識しやすく，とくに遊びが「仕事」である幼児までの時期は，子どもたちは遊びを通して自らの最大の能力を示してくれる。これにより，モティベーションの低下を防ぎながら，発達像の仮説検証を検査者のペースで進めていくことができる。まさに「検査に子どもが合わせるのではなく，子どもに検査を合わせる」ことのできる検査である。

　②その他の検査法

　日本版デンバー式発達スクリーニング検査（JDDST）は，アメリカのコロラド州デンバー市の乳幼児の検査結果をもとに標準化された DDST（Denver Developmental Screening Test）の日本版であり，現在は改訂日本版デンバー式発達スクリーニング検査（JDDST-R）が用いられている。この検査は，0～6歳の乳幼児の発達について「個人―社会」「微細運動―適応」「言語」「粗大運動」の4領域，104項目から全体的にとらえて評価するものである。スクリーニング検査であり，DQ などの数値は出さない。

　その他能力を部分的に測るものとして，視知覚の発達に関する**フロスティッグ視知覚発達検査**（4歳0か月～7歳11か月），言語能力に関する**絵画語い発達検査**（3歳0か月～12歳3か月）などがある。

　また新生児に特化した**ブラゼルトン新生児行動評価**（Neonatal Behavioral Assessment Scale：NBAS）がある。

2-4　質問紙法（面接法含む）

①質問紙法の特徴

　質問紙法の利点としては，家庭の情報を新K式などの検査法と並行して保護者から聴取することで，検査だけでは得られにくい生活場面の情報や，保護者が感じているその子どもの発達の様相を把握できることである。それを検査者が検査を通して感じた発達の能力とすり合わせることができ，アセスメントに深みが出る。また，保護者のその子どもへの関心や認識の度合いがうかがわれるので，質問紙法で得られた結果は，生きた環境面情報の宝庫である。質問紙によっては保護者や保育者に自記してもらうものもあるが，過小評価，過大評価，質問の誤理解が起こる場合があり，熟練した検査者が一人の子ども像とその生活を想像して半構造化面接（保護者の状況や回答に応じて，質問の表現，順序や内容を変化させる）で行う方が，矛盾の少ない客観的な情報が得られ，検査法の結果を補完し，有益なアセスメントが可能となる。検査者は，質問文の内容をたんにできる・できないと表面的に判断をするのではなく，被検者がその行動を支える本質的な能力を有しているかどうかの評価ができるように熟練することも重要である。このような面接を通して，虐待やネグレクト，保護者の養育能力の問題等を発見し，保護者が持っている幼稚園・保育所での子どもの情報も聞くことができれば，より有効な支援につなげやすくなる。

②乳幼児精神発達質問紙

　乳幼児精神発達質問紙（1〜12か月まで・1〜3歳まで・3〜7歳まで）は，「津守式」と呼ばれて，長く使用されている。乳幼児によく接している保育者（母親・保育士など）に聴取することで，検査法では評価しにくい対人・社会性の発達や生活習慣の情報を年齢尺度上に位置づけて，検査場面での反応と比較しやすい。これによって，目の前の子どもの日常生活までもが見えるようになり，より厚みのある発達のアセスメントが可能となる。運動，探索・操作，社会（大人との相互交渉，子どもとの相互交渉），食事・排泄・生活習慣，理解・言語の各領域のそれぞれの行動が何歳何か月に相当するかという年齢尺度上の位置づけをすることで，生活場面での子どもの人格および発達の様相が浮かび

上がってくる。残念ながら標準化が古く，一部現代の生活にそぐわないところがあり，またトータルのDQも算出しなくなっている。

③ KIDS 乳幼児発達スケール

　KIDS 乳幼児発達スケールは1989年に標準化された発達検査であり，タイプA（0歳1か月〜0歳11か月），タイプB（1歳0か月〜2歳11か月），タイプC（3歳0か月〜6歳11か月），タイプT（0歳1か月〜6歳11か月，発達遅滞児向き）の4種類が使用されている。津守式とほぼ同様に，運動，操作，理解言語，表出言語，概念，対子ども社会性，対成人社会性，しつけ，食事の各領域について○（明らかにできるもの・過去においてできたもの・やったことはないがやらせればできるもの）と×（明らかにできないもの・できたりできなかったりするもの・やったことがないのでわからないもの）で評価し，各領域の発達年齢と総合発達指数（DQ）が算出できる。津守式よりも標準化が新しくDQ値が算出できるために，数値を必要とする行政機関などで使用されることが多くなっている。

④ 遠城寺式乳幼児分析的発達検査法（九州大学小児科改訂版）

　遠城寺式乳幼児分析的発達検査法（0か月〜4歳8か月）は，簡便なスクリーニングとして，運動（移動運動，手の運動），社会性（基本的習慣，対人関係），言語（発語，言語理解）の3分野6領域の機能について分析的に評価する。対象は乳幼児と保護者を想定しており，子どもの行動観察や一部用具を使った働きかけも含め，保護者に子どもの発達的状況を聴取していくもので，医療現場での使用が多い。

⑤ S-M 社会生活能力検査

　子どもの社会生活の適応力を表す社会成熟度（social-maturity）を測るもので，身辺自立，移動，作業，コミュニケーション，集団参加，自己統制の社会生活能力領域から構成されている。適用年齢は乳幼児〜中学生であり，社会生活年齢（SA），社会生活指数（SQ）を算出できるために，療育手帳判定などの数値を必要とするところでも使用されている。最新版は2016年に発刊された第3版である。

⑥日本版 Vineland-II 適応行動尺度

日本版 Vineland-II 適応行動尺度はコミュニケーション，日常生活スキル，社会性，運動スキルの4つの適応行動と不適応行動の領域で構成され，適応行動総合点によって適応の発達水準が示される。適用年齢0〜92歳の半構造化面接で行う世界標準の適応行動尺度であり，とくに発達障害の支援のための利用が期待される。

⑦その他の検査

問題行動や発達障害特性のアセスメントには，他にも様々な検査が使用されている。自閉スペクトラム症（ASD）のアセスメントには M-CHAT（Modified Checklist for Autism in Toddlers），CARS（Childhood Autism Rating Scale），ASQ（Autism Screening Questionnaire）が有名でよく使用されている。また ADHD（注意欠如・多動症）では，Conners 3 日本語版や ADHD-RS-IV などが有名である。また最近では，ASEBA（Achenbach System of Empirically Based Assessment）の CBCL（Child Behavior Checklist）や発達障害の要支援度評価尺度 MSPA（Multi-dimensional Scale for PDD and ADHD）などが取り扱われるようになってきている。

3　知能検査と発達検査の相違

3-1　現場での活用

次に知能検査と発達検査はどのように異なるのか考えてみたい。じつは児童相談所で行われる療育手帳判定には，関東では田中ビネー知能検査V，関西では新版K式発達検査2020が主に使用されている実態がある。2-1で述べたように，新K式はビネー式知能検査の比 IQ を踏襲しており，年齢尺度，発達の順序尺度を使用している。新K式以外でも DQ は算出しなくとも年齢尺度を基礎に構成されている発達検査は多く，この点は発達検査の特徴と考えられよう。

一方，知能検査の中でもウェクスラー式知能検査は，偏差 IQ を採用してい

る。これはたとえていうなら，学校の「地理」の授業の中で世界の国々を比較することに似ている。その国の面積・人口・産業・経済などの情報を分析して，他の国々と比較していくわけである。つまり WISC-Ⅳ であれば，同年齢集団の中で，個人間の差を全検査 IQ や言語理解指標・知覚推理指標・ワーキングメモリー指標・処理速度指標の尺度からそれぞれ順位づけをしていき，全体での位置づけを比較していくのである。これは国内の産業別の力量比較と同じように，個人内の知的能力間のばらつきを明確にして，その個人の特徴を示すというやり方をしているとも考えられる。

　これに対して比 IQ 採用の知能検査や発達検査は，各年齢の子どもたちから得られたデータをもとに考えられた年齢尺度を用いて算出された精神（発達）年齢を採用している。その年齢の子どもたちが行うであろう行動や思考，認知がその年齢の特徴として標されており，目の前の子どもは精神発達上どの年齢台に乗っているのかを検討するのである。いささか唐突ではあるが，先の偏差IQ の方法を「地理」とすれば，時系列を扱うという点で「歴史」に近い雰囲気を醸し出している。発達し続ける子どもたちを見ていくような，発展途上にある国を見守るような，時間の流れをそこに考慮している。年齢尺度・順序尺度は典型的な発達を遂げている子どもたちの道筋から作られていて，それを背景にその子どもが独自に発達してきた「今」の様態が映し出される。これが「生育歴」を理解することであり，子どもを世界の国々にたとえれば，その国の「歴史」を理解することとなる。いささか大げさにいえば，その国の社会制度や政治形態，宗教の広がり，経済発展など様々な変遷を理解して，その国の今後を予測していくように，その子がこれまでどのように発達してきたのか，そしてこれからどのように発達していくのだろうかという視点をもってその情報を収集するのが発達検査といえる。

3-2　フィードバックの留意点

　知能検査も発達検査も，対象が子どもであれば，ほとんどの場合，最初に保護者にその結果が伝えられるが，ウェクスラー式や現在よく使用されている知

能検査の結果は，保護者を通り越して，教育，医療，療育の専門家に伝えられ，そこで有益に利用されることが期待される。とくに WISC-IV の対象となる就学以降の年齢においては，家庭生活に対して学校や療育機関などの存在が大きくなり，保護者もそこでの成果を期待するようになってくることがあり，学校で IEP（個別指導計画）の作成をする場合にこの結果が用いられることが多くなる。

　一方発達検査の場合は，比較的小さな発達年齢を対象としていることもあり，専門家よりも，子どもの発達を支える保護者に対してフィードバックされることが多くなる。心理検査全般にいえることだが，知能検査・発達検査ではとくに，何を目的として，どのように結果を利用するのかが重要であり，そこに出現する「数字の一人歩き」には十分注意しなければならない。現在，情報公開の視点から，IQ，DQ も当事者である子どもや保護者に知らせる必要が出てくる場合も多くなっている。その際，彼らが数値に一喜一憂しやすくなりがちな点も考慮しながら，数値の背景にある意味をしっかり伝える努力を怠ってはならない。

　最後に強調したいことは，保護者をその子どもに関する最高の専門家と認識したうえで，検査結果を前に対等に話し合う（**コンサルティング**）というスタンスが発達相談であり，そのために検査者が短時間で保護者の持つ専門性に（仮に）追いつく手段が発達検査であるともいえよう。保護者が母親の場合，生まれる前からその子どもに付き合って得た経験知には及ばないが，検査という特殊場面で得られた情報から構成される発達像の理解は，メタの視点や異なった切口を提供するものであり，保護者と検査者の両者が交錯することで，その子どもの発達への理解がより深まっていくと考えられる。知能検査の結果が発達検査に比べて理論的にも高次なものであるということではなく，むしろ発達検査は，専門用語で表される理論的なものがいかに日常生活につながっているかを考えて，保護者が了解できる言葉に置き換えることができるかという応用力を検査者に求めるものである。一方的に検査者が保護者に結果を伝えるのではなく，保護者からの情報も得ながら一緒に子どもの発達像を作り上げ，次

の段階でそれが教育や医療，療育に大いに役立っていくことは自明であろう。

❖考えてみよう
　知能検査と発達検査には，共通する部分と相違する部分がある。目的によって
どのように使い分けたらよいのかを念頭に，医療・教育・福祉領域での実際の使
い方を調べて考えてみよう。

もっと深く，広く学びたい人への文献紹介

高橋　依子・津川　律子（編著）(2015). 臨床心理検査バッテリーの実際　遠見書房
　　　☞知能・発達検査だけでなく各発達段階に合わせた心理検査とその検査バッ
　　　　テリーについて，事例を交えて具体的に解説されている。
川畑　隆（編）(2015). 子ども・家庭支援に役立つアセスメントの技とコツ　明
　　　石書店
　　　☞児童福祉領域のグローバルな視点から実務的な方法を具体的にわかりやす
　　　　く示している。現場で即使える内容が多く含まれている。
氏原　寛・岡堂　哲雄・亀口　憲治・西村　州衛男・馬場　禮子・松島　恭子（編）
　　　(2006). 心理査定実践ハンドブック　創元社
　　　☞膨大な心理検査を紹介しながら，アセスメントの実際が事例を交えて解説
　　　　されている。

引用文献

大六　一志（2019). 知能検査　津川　律子・遠藤　裕乃（編）心理的アセスメント
　　　遠見書房
生澤　雅夫（2004a). 発達検査　氏原　寛・成田　善弘・東山　紘久・亀口　憲治・
　　　山中　康裕（編）心理臨床大事典改訂版　培風館
生澤　雅夫（2004b). 知能検査　氏原　寛・成田　善弘・東山　紘久・亀口　憲治・
　　　山中　康裕（編）心理臨床大事典改訂版　培風館
生澤　雅夫・松下　裕・中瀬　惇（編著）(2002). 新版Ｋ式発達検査2001実施手引
　　　書　京都国際社会福祉センター
川畑　隆・菅野　道英・大島　剛・宮井　研治・笹川　宏樹・梁川　惠…衣斐　哲臣
　　　(2005). 発達相談と援助――新版Ｋ式発達検査2001を用いた心理臨床――
　　　ミネルヴァ書房
小林　重雄（1977). グッドイナフ人物画知能検査ハンドブック　三京房
大島　剛・川畑　隆・伏見　真里子・笹川　宏樹・梁川　惠・衣斐　哲臣…長嶋　宏美
　　　(2013). 発達相談と新版Ｋ式発達検査――子ども・家族支援に役立つ知恵

　　と工夫──　明石書店

新版Ｋ式発達検査研究会（編）（2020）．新版Ｋ式発達検査2020解説書（理論と解
　　釈）　京都国際社会福祉センター

高橋　依子・津川　律子（編著）（2023）．臨床心理検査バッテリーの実際　改訂版
　　遠見書房

ウェクスラー，D.　日本版 WISC-IV 刊行委員会（訳）（2010）．日本版 WISC-
　　IV 理論・解釈マニュアル　日本文化科学社

第5章 人格検査
——パーソナリティの多角的な アセスメントに役立つツール

坂田浩之

　公認心理師として要支援者の人格（パーソナリティ）をアセスメントするうえで最も大切なのは，公認心理師法に定められているように「国民の心の健康の保持増進に寄与する」ことである。つまり，どうすればこの要支援者の心の健康の保持増進に寄与できるかという視点から人格をアセスメントする必要がある。本章ではまず，人格のアセスメントをするうえでふまえておくべき潮流について述べる。次に，人格検査の2大法である質問紙法と投映法の特徴と限界について述べ，代表的な人格検査について紹介する。[1]最後に，要支援者の心の健康の保持増進に寄与する人格検査を用いたアセスメントを例示する。

1　人格のアセスメントの潮流

1-1　変化するものとしての人格

　人格とは，それぞれの人の個性を意味するとともに，知能を含めたその人のあり方全体を意味する。また，人格は経験や置かれた環境によって，大人になってからも変化するという理解が一般的である。つまり人格は，**解離性同一症**の人でなくても，状況によって異なることがわかっている。それに伴い多時点での**マルチメソッド**[2]によるアセスメントも求められるようになってきている。

→1　他に教員採用試験で用いられることもある内田クレペリン検査などの作業検査法があるが，人格検査としては批判もある（村上・村上（2019）など）。
→2　質問紙法と行動観察など，複数の方法を用いることである。

80

また，アセスメントを要支援者の心の健康の保持増進につなげるには，支援計画や実際の心理的支援に連結できるものにすることが必要である。そのためにも，人格を固定的なものではなく，今後の経験や環境により肯定的な方向に変化していくものととらえることが役立つ。

1-2　類型論と特性論（次元的アプローチ）

　人格のとらえ方は，**類型論**と**特性論（次元的アプローチ）**に大別できる。類型論では，性格を複数のタイプに分け，どのタイプに当てはまるかという観点からそれぞれの人の性格をとらえる。たとえば，Aさんの性格は内向型か，それとも外向型かというとらえ方で，古くから用いられてきた伝統的な性格理論である。一方特性論とは，それぞれの人の性格の違いを，あらゆる人に共通する複数の特性（因子）の強度によってとらえる。多彩な色を3原色の組み合わせによって表現するのに似ている。これは，辞書にある人格と関連した言葉を取り出し分類する**辞書的（語彙）アプローチ**と，質問紙を用いた因子分析的研究から発展してきた（下仲，2006）。

　近年では，特性論による人格理解が主流になっている。とくに，ゴールドバーグ（Goldberg, L. R.）により"**Big Five**"と命名された，開放性，誠実性，外向性，協調性，神経症傾向からなる基本的な5因子（特性）が世界各国で確認されており，Big Five によって人格をとらえる**5因子モデル**が主流となっている。**DSM-5 のパーソナリティ障害**についても，境界性パーソナリティ障害，自己愛性パーソナリティ障害といった従来の類型論的なとらえ方に加えて，次元的アプローチが導入されている。すなわち，パーソナリティ障害を大きくパーソナリティ機能のレベルと病的パーソナリティ特性の2つの次元からとらえる代替 DSM-5 モデルが示されている。

　パーソナリティ機能は，自己機能（同一性，自己志向性）と対人関係機能（共感性，親密さ）から構成され，それぞれのレベルは，「ない」（健康的で適応的な

➡ 3　ボリビア（南アメリカ）の先住民では Big Five が認められなかったという報告もある（Gurven et al., 2013）。

機能；レベル0）から，「いくらか」（レベル1），「中程度」（レベル2），「重度」
（レベル3），「最重度」（レベル4）までの5段階で評価される。そしてパーソ
ナリティ障害の診断にはレベル2以上の障害が必要とされている。一方，病的
パーソナリティ特性には，否定的感情（↔情緒安定性），離脱（↔外向性），対立
（↔同調性），脱抑制（↔誠実性），精神病性（↔透明性）という Big Five と対応
した5つの領域があり，それぞれがいくつかの側面から構成されている。そし
て，これらの病的パーソナリティ特性の各側面の強弱により，境界性，自己愛
性といったパーソナリティ障害のカテゴリー分類がなされる。

2　質問紙法

2-1　質問紙法の特徴

　質問紙法は，行動や考えを記述した複数の項目を読んで，自分に当てはまる
か否かを判断し，選択肢の中から選んでもらう形式の検査である。選択肢には
「はい」「いいえ」などの2件法や，「非常にそうだ」から「全くそうでない」
などの5段階から選ぶ5件法といったものがある。paper-and-pencil とも呼
ばれ，質問紙と鉛筆があれば実施できる簡便性がある。信頼性や妥当性が十分
に検討されており，結果の解釈の根拠が明確である場合が多い。どのような人
が実施・採点しても必ず同じ結果になるという意味で，**客観テスト**とも呼ばれ
る（村上・村上，2019）。集団法での実施も可能である。

2-2　質問紙法の限界

　質問紙に正確に回答するためには，項目が自分に当てはまるかどうかを判断
する必要があるため，質問内容を理解し，自分を客観的にふり返ることのでき
る知的・発達的水準の人が対象となる。たとえば，日本版 MMPI では，15歳
以上で，小学校卒業程度以上の読解力を有する人が対象年齢になっている。質
問紙法の回答は，ランダム回答（質問をよく読まずにランダムに選択する），判定
不能な回答（どこに○をつけているかわからないなど），無回答，**黙従傾向**（どん

な質問にも「はい」と答えやすい傾向），極端な回答（いつも選択肢のどちらかの極を選ぶ）によって歪められることがある。また，**社会的望ましさ**（実際より社会的に良いとされる方向に回答する）の影響も受ける。

2-3　代表的な人格検査（質問紙法）

Big Five 尺度

Big Five 尺度とは，1-2で述べたように，性格関連語の**因子分析**を用いた研究結果から導き出された，性格を Big Five と呼ばれる 5 つの特性（次元）からとらえる人格検査である。Big Five は，開放性（Openness to Experience），誠実性あるいは勤勉性（Conscientiousness），外向性（Extroversion），協調性あるいは調和性（Agreeableness），神経症傾向あるいは情緒不安定性（Neuroticism）からなる。[4] 代表的なものにコスタ（Costa, P.）とマックレー（McCrae, R.）が開発した240項目の NEO-PI-R（Revised NEO Personality Inventory）（所要時間30〜40分）と，その短縮版である60項目の NEO-FFI（NEO Five Factor Inventory）（所要時間約10分）がある。下仲順子らが**標準化**した日本語版では，NEO-PI-R，NEO-FFI ともに回答は 5 件法である。また，最後に妥当性をチェックする 3 項目がある。採点では，各次元の素点を平均値50，標準偏差10とする T 得点に換算する。NEO-PI-R には主要 5 因子（次元）に 6 つずつの下位次元（各 8 項目）があり，30の性格特性を測定できる。一方，NEO-FFI の方は下位次元を測定できず，Big Five のみを測定できる。他にも日本で信頼性・妥当性が検証された Big Five 尺度として，村上宣寛・村上千恵子による70項目 2 件法の主要 5 因子性格検査，辻平治郎らによる150項目 5 件法の FFPQ，小塩・阿部・カトローニ（2012）による10項目 7 件法の TIPI-J などがあり，現在も活発に開発，改訂が行われている。

MMPI

Minnesota Multiphasic Personality Inventory の略称で，ミネソタ多面的人

➡ 4　各特性の頭文字をとって“OCEAN”（オーシャン）とすると憶えやすい。また，英語の因子名は統一されているが，日本語の訳語は研究者によって異なる。

表 5-1　MMPI の基本尺度

妥当性尺度	
？　不応答（疑問）尺度	どちらともいえない（？）の数。
L　虚言尺度	意図的に良い印象を作ろうとする構えを示す。
F　頻度尺度	健常者では10%以下しか回答しない項目の得点。心理的な混乱を示す。青年期において高くなる傾向がある。
K　修正尺度	「良い振り」や「悪い振り」をして回答した結果を比較したり，正常なのに異常に見える MMPI 記録と，異常なのに正常に見える MMPI 記録を比較して作成された項目の得点。抑制的・防衛的傾向を示す。
臨床尺度	
1　Hs　心気症尺度	身体に関する苦痛や不満を過度に訴える傾向を示す。
2　D　抑うつ尺度	悲観的で，罪悪感が強い傾向を示す。
3　Hy　ヒステリー尺度	未熟，自己中心的なヒステリー傾向を示す。
4　Pd　精神病質偏奇尺度	無責任，利己的，信頼できない性格傾向を示す。
5　Mf　男性性・女性性尺度	男性では女性的，女性では男性的傾向を示す。
6　Pa　パラノイア尺度	過敏で，疑い深く，自分の敵意を相手に投影する傾向を示す。
7　Pt　精神衰弱尺度	不安や緊張が強く，優柔不断な傾向を示す。
8　Sc　統合失調症尺度	疎外感が強く，注意の集中が困難な傾向を示す。
9　Ma　軽躁尺度	衝動的で落ち着きがない傾向を示す。
0　Si　社会的内向性尺度	内向的で，社会的技能に欠ける傾向を示す。

（出所）村上・村上（2019）をもとに筆者作成

格目録と訳される。ミネソタ大学のハサウェイ（Hathaway, S. R.）とマッキンレイ（Mckinley, J. C.）によって開発された。4つの**妥当性尺度**と10個の臨床尺度（表 5-1），計550項目から構成され，実施には1時間以上かかる。項目は尺度ごとに（たとえば心気症尺度なら心気症）患者群と健常群の回答に統計的有意差の見られたものが集められている。項目数は尺度によって15〜78項目と異な

る。質問項目の大部分は精神医学の様々な問診法のマニュアル，精神医学の教科書，医学や神経学を取り上げるときの心得，個人的・社会的態度の測定尺度などから収集されている（村上・村上，2019）。反応の歪曲を検出する妥当性尺度が導入されたのも MMPI が最初である。各項目に「そう」「ちがう」の2件法で回答し，どうしても決められないときのみ，「？（どちらでもない）」を選択する。MMPI の妥当性研究が進む中，臨床尺度単体では十分な診断力を発揮しないことが明らかになり，基本尺度の高得点を組み合わせたプロファイル・タイプによる解釈が用いられるようになった（村上・村上，2019）。村上宣寛・村上千恵子により標準化され，コンピューターによる自動診断も可能なMMPI-I，その短縮・改訂版の250項目の MINI，124項目の MINE-124もある（村上・村上，2019）。日本では使用頻度が高くないが，米国では最もよく使われる人格検査であり，MMPI-2や青年用の MMPI-A も開発されている。さらに，335項目の MMPI-3が米国で2020年に開発され，その日本版も2022年に開発された。MMPI-3では，臨床尺度は再構成され8個となり，感情，思考，行動からなる3つの高次尺度，より具体的な4カテゴリー26個の特定領域の問題尺度，DSM-5 で採用された病的パーソナリティ特性を測定するパーソナリティ精神病理5尺度が追加されている。また，妥当性尺度は10個になり，合計52尺度で構成されている。

TEG（東大式エゴグラム）

　バーン（Berne, E.）の作成した**交流分析**理論にもとづいて，デュセイ（Dusay, J. M.）が考案したエゴグラムを，東京大学医学部心療内科が質問紙にしたものである。デュセイのエゴグラムは，5つの**自我状態**に割り当てられるエネルギー量を直感的に棒グラフにするもので，5つの自我状態のバランスから，性格特性と行動パターンを把握するものであった。自我状態は，思考・感情・行動が包括されたもので，大きく親の自我状態，成人の自我状態，子どもの自我状態に分類されるが，親の自我状態は CP（Critical Parent：批判的親）と NP（Nurturing Parent：養育的親），子どもの自我状態は FC（Free Child：自由な子ども）と AC（Adapted Child：順応した子ども）にさらに分けられるので，

成人の自我状態Ａ（Adult）と合わせて５つとなる。TEG は，因子分析にもとづき選択された各自我状態10項目ずつ合計50項目と妥当性尺度のＬ尺度[5]（Low Frequency Scale）３項目により構成される。回答は「はい」「どちらでもない」「いいえ」の３件法である。妥当性尺度としては，「どちらでもない」の回答の多さであるＱ（疑問）尺度もある。新版 TEG からは因子分析に測定方程式モデルによる**確認的因子分析**が用いられている。最新版の TEG3ではさらに，**項目反応理論**を用いて信頼性が検証され，コンピューター適応型テスト（CAT）版も作られてオンラインでの実施・分析も可能になっている。

Y-G 性格検査

ギルフォード（Guilford, T. P.）の３つの検査（An Inventory of Factors STDCR, The Guilford-Martin Inventory of Factors GAMIN, The Guilford-Martin Personnel Inventory）に含まれる13因子をもとに，矢田部達郎らが**内的整合性**を重視した**項目分析**により再構成して開発した。12尺度（特性）120項目から構成され，30分以内で実施できる。12特性によるプロフィールから性格がとらえられるとともに，12特性は，それぞれ情緒不安定性―情緒安定性，外向性―内向性のいずれかに分類され，これら２次元の程度によって，５つの類型（Ａ　平均型，Ｂ　不安定積極型，Ｃ　安定消極型，Ｄ　安定積極型，Ｅ　不安定消極型）の観点からも性格が判定される。日本では長い間広く用いられてきたが，信頼性・妥当性についての批判もある（村上・村上，2019）。

16PF 人格検査（Sixteen Personality Factor Questionnaire）

斜交回転の因子分析にもとづき，キャッテル（Cattel, R. B.）によって開発された。キャッテルの理論による根源特性を測定する16因子（尺度）から構成される。16因子は，行動評定から得られた12の根源特性（一次因子）と質問紙法によって得られた４の根源特性（二次因子）から成る（小川，2017）。また，16因子の一つに知能があるのが特徴である。日本ではあまり使われていないが，米国では第５版まで開発が進んでいる。さらに，第５版では二次因子として，

➡ **5**　MMPI など他の人格検査のＬ尺度は Lie Scale（虚偽尺度）の略なので注意が必要である。

Big Five と対応した5特性が見出されている。

3　投　映　法

3-1　投映法の特徴

　projective method の訳語で，**投映法**あるいは**投影法**と表記される。フランク（Frank, L. K.）やマレー（Murray, H. A.）が「曖昧な刺激を構造化する（意味づける）とき，人は内面にある私的な欲求，感情，態度などのパーソナリティを表す」と述べ，ロールシャッハテストや TAT などを投映法と呼んだことに始まる（高橋，2019）。回答・反応・表現における自由度が広く，解釈も多様でありうるのが特徴である。本人が意識していない認知・行動様式や精神状態をとらえることができる。従来は質問紙法が意識水準を見ているのに対して，投映法は無意識水準を測っていると対比的にとらえられていたが，投映法は必ずしも精神分析的な意味での無意識水準を見ているものではない（小川，2017）。また，検査者と被検者の一対一の対人場面で行われることが多く，たとえば，検査者への信頼がない場合に反応が消極的なものになったり，検査拒否が起きたりするなど，検査者による影響を受けやすい。また，投映法の反応・表現は多義的で，被検者ごとに，また時と場合によって意味合いが異なるので，同じ反応を示していても結果の解釈は多くの場合，機械的に行うことができず，検査者が自分の主観を含む様々な情報を取捨選択しながら，総合的に判断する必要がある。

3-2　投映法の限界

　投映法は，**信頼性**や**妥当性**について十分に検討されていないことが多く，科学的な立場から批判されている（村上・村上，2019）。検査の実施や，採点，結果の解釈に時間がかかるものが多く，被検者，検査者ともに負担が大きい。また，結果の解釈には熟練が必要である。とくに自由度が高い技法は，被検者への侵襲性も高く，急性期の統合失調症者など明らかに現実検討力が低下してい

る者への実施は避けるべきである（皆藤，2007）。選択の幅が広いということは，その分被検者の選択・判断が必要ということであり，被検者の認知機能への負担が大きいからである。一方で，このような特徴をもつため，自由度が高い投映法は，**病態水準**が不明な者の現実検討力を査定するうえで有効である。さらに多職種連携・地域連携が求められる公認心理師は，心理学の知識や投映法の経験のない他者にも結果の解釈をわかりやすく伝える必要があるため，より結果の説明に困難とスキルが伴う。

3-3　代表的な人格検査（投映法）

ロールシャッハテスト

　ロールシャッハ（Rorschach, H.）が作った10枚の左右対称なインクのしみ（インク・ブロット）が描かれたカード（図版）を見せながら，それが「何に見えるか」を尋ね，回答により導き出される知覚のあり方から人格を理解する。まず1枚ずつ「何に見えるか」について，自由な反応を求める（自由反応段階）。その後，各反応に関してインクのしみの「どこ（反応領域）」が「どうして（反応決定因）」そう見えたかなどを尋ねる質問段階が行われる。すべての反応は，検査後一定の基準にもとづいて記号化・得点化され，統計的な標準値[6]との比較によって分析される（**量的分析**）。また，図版の特徴と反応の関係，反応内容にもとづいて解釈されることもある（**継起分析**）。実施法や解釈法などの基本はロールシャッハが作ったが，その後の研究者が多様に発展させた。各解釈法（システム）に則って解釈するには，実施も各システムが定めている方法で行う必要がある。エクスナー（Exner, J.）が当時米国において主要であった5つの学派[7]を比較検討し，最も実証的で臨床に役立つロールシャッハテストのシステムを目指して，信頼性・妥当性のある方式として包括システムを作り，その

➡ 6　近年，日本の健常成人の包括システムによる変数の統計値が公開されている（西尾他，2017）。
➡ 7　ベック（Beck, S.），クロッパー（Klopfer, B.），ピオトロスキー（Piotorowski, Z.），ヘルツ（Herz, M.），ラパポートとシェーファ（Rapaport, D., & Shaffer, R.）の5学派。

後もメイヤー（Meyer, G.）らの R-PAS などに発展してきている（西尾他,
2017）。日本では，包括システムが使われる他[8]，日本で発展した片口法，名大
法，阪大法などが使われている。

描画テスト

　木を描いてもらう樹木画テスト（バウムテスト），男女一人ずつの人間を描い
てもらう人物画テスト，家（House）・木（Tree）・人（Person）をそれぞれ別
の紙に 1 枚ずつ描いてもらう HTP テスト（家・木・人を 1 枚の紙に描いてもら
う S-HTP もある）などがある。また，樹木画テストには，「実のなる木（果物
の木）」を4B などの柔らかい鉛筆で描いてもらうコッホ（Koch, K.）のバウムテ
ストと，「木を 1 本」HB の鉛筆で描いてもらうボーランダー（Bolander, K.）
などの樹木画テストがある（高橋, 2019）。各検査で決められている用紙の大き
さや用具に従うことで，既存の解釈仮説や統計データを用いることができ，検
査としての妥当性と信頼性が高まる（高橋, 2019）。解釈では，描画全体の印象
から分析したり，各部分の描かれ方から分析（サイン・アプローチ）したりす
る。たとえば，バウムテストでは，全体から部分へという順番で分析され，全
体を見るときは，力強い，寂しげなど自然な第一印象をとらえて，なるべくそ
れを一言に要約することが大切である（鶴田, 2007）。また，コッホの第 3 版の
手引きには，樹冠・幹・根・枝など各指標の発達的出現率に関する詳細な表も
あり，統計的な標準との比較による解釈も可能となっている。筆圧・運筆や紙
上の描かれている位置なども分析する。ただし，左よりが内向，右よりが外向
を意味するなど，機械的に**グリュンワルドの空間図式**を当てはめるのは不適切
である。

SCT（Sentence Completion Test）

　文章完成法と訳される。未完成な文章あるいは短文を提示し，そこから思い
つくこと・感じたことを自由に書いて文章を完成してもらう。エビングハウス
（Ebbinghaus, H.）が最初に心理検査として用いたといわれる。提示文，項目数，

8　平凡反応や言語表現などは文化の影響を受けて北米の標準とは異なるため，日本
人のデータにもとづく標準が示されている（西尾他, 2017）。

実施法が異なるいくつかの方法がある。質問紙法と同様に一人で回答でき，検査者とのやりとりから生じる対人的・情緒的刺激も少なく，「私はよく＿＿」など刺激の意味も明確なので，比較的落ち着いて，意識的にコントロールしながら回答できるという特徴がある。そのため，被検者の人格の健康な側面をとらえやすい投映法だといえる。日本でよく用いられるのは佐野勝男・槇田仁によって開発された精研式文章完成法テストである。小学生用，中学生用，高校・成人用とあり，高校・成人用は Part Ⅰ（前半），Part Ⅱ（後半）各30計60の刺激文により構成されている。刺激文の中には知能に関するものもある。少年鑑別所などの施設では法務省式文章完成法（MJ 式 SCT）が用いられる。

P-F スタディ（絵画欲求不満テスト）

Picture-Association Study Assessing Reaction to Frustration（フラストレーション反応を査定するための絵画―連想研究）の略称である。質問紙に，マンガの１コマのような，２人以上の人物がかかわるフラストレーション場面の絵が描かれ，１人の人物の吹き出しのみが空欄になっており，そこにその人物のセリフを書き込むという形式になっている。状況に合わせて24場面が用意されている。**フラストレーション**は「欲求不満」と訳されるが，不満だけでなく「不本意な結果や状況に直面した際の失望や挫折，落胆，いらだちなどの一連の不快な感情」（神谷，2006）ととらえる方が適切である。書き込まれた各セリフ（反応）は，**アグレッション**の型×方向の観点から記号化・集計され，標準値との比較から分析・解釈される。アグレッションは「攻撃性」と訳されるが，より広く目標に向かって前進し，処理する「主張性（assertion）」を意味するものと考えるのが適切である（秦，2010）。刺激がフラストレーション場面に限られているなどの理由で，開発者のローゼンツヴァイク（Rosenzweig, S.）は P-F スタディを制限準投映法（A Limited Semiprojective Technique）と呼んでいる（秦，2010）。成人用，青年用，児童用がある。現在使われている日本版は，日本人のデータで標準化されており，最新版はそれぞれ成人用（第Ⅲ版）（2020年改訂），青年用（1987年），児童用（第Ⅲ版）（2006年改訂）となっている。個別にも集団でも実施できる。また低年齢児や読み書きができない被検者には口頭

法で行う。投映法の中では信頼性・妥当性が高いといえる。所要時間は約30分である。

TAT（絵画統覚検査）

　マレーを中心とするハーバード心理クリニックのスタッフが共同開発した。モーガン（Morgan, C. D.）が集めたり描いたりした，主として人物が登場する絵が描かれた図版を見せ，各図版に関して物語を作ってもらい，その物語から人格を理解する。被検者による絵の解釈（絵解き）にその人の心の働きの特徴（人格）が表れ（鈴木，2006），とくに図版の多くに人物が描かれているので，物語には被検者の人間関係が投映されていると考えられる。図版には大人の男性用（M），大人の女性用（F），少年用（B），少女用（G）があり，それぞれで決まった20枚を見せるのが原法だが，10枚前後を選択して用いることも多い。被検者の語りを検査者が逐語的に記録するが，語りを録音する場合もある（山本，2006）。古典的な解釈法として，マレーらの欲求—圧力分析があるが，その後ウェステン（Westen, D.）のSCORSなど新たな分析法・解釈法が開発されており（Cramer, 2017；馬場，2006），用いられることは多くない。それぞれの絵に対してよく作られる物語との比較や査定者の直観にもとづいて解釈されることもある（日本人におけるTATの各カードに対する典型的な語りについては鈴木（1997）に詳しく示されている）。人間のかわりに動物が描かれたカードを用いる子ども用のCAT（Children's Apperception Test），主に高齢者が描かれたカードを用いる高齢者用のSAT（Senior Apperception Test）がベラック（Bellak, L.）によって開発されている。

➡ 9　欲求（need）とは，主体の願望・意図などから発し，主体を駆り立てる力である。一方，圧力（press）とは，主体に働きかける，あるいは主体から働きかける人的・物理的環境が主体に対してもつ力で，尊敬など肯定的なものも含まれる。欲求—圧力分析では，作られた物語の主人公に認められる欲求，圧力をチェックし，各欲求・圧力の強度，さらに欲求と圧力の相互作用の結果である感情・内的状態の強度を5段階で評定し，すべての物語の評定値を加算し，標準値と比較する。

➡10　高齢者用のTATとして，他にもGAT（Gerontological Apperception Test）やPAAM（Projective Assessment of Aging Method）がある。

4　事例による例示

　最後に，市川（2006）が創作した架空の事例に従って公認心理師に求められる人格検査を用いた心理的アセスメントを例示する。

　要支援者のＡ子は，「小学２年生も半ばを過ぎたのに毎日のようにおねしょをする。どこか悪いところがあるのではないか」と心配した母親によって小児科に連れてこられた。夜尿は幼稚園入園前には３日に１回くらいだったが，入園後はまた毎日になり，小学校就学後も続いているという。泌尿器科で身体面のチェックを受けたが異常はないとのことで，小児科の心理相談室に紹介されてきた。

　初回面接では，小柄できゃしゃな体つきのＡ子はキョロキョロと落ち着かず，セラピストの問いかけにも半分上の空でうまく答えられない。バウムテストにはすぐに応じて，第一印象よりずっとふつうの木を描いた。一方，動的家族画の指示には，もじもじしてなかなか描こうとせず，何なら描けるのか問うと「ピカチュウなら描ける」というので描いてもらうと，耳が大きくアレンジされたピカチュウを描いた。P-F スタディも実施する予定であったが次回にし，残り時間はピカチュウの話を聞いて過ごした。バウムテストからは，表面的にはわりとうまく適応してきたと考えられたが，「人間の絵は描けない」と動的家族画を拒否したことからは対人関係の問題がうかがわれた。また，人間の代わりにピカチュウを描いたことから，対人関係において言葉として分化していない情緒的やりとりが行われていることが考えられた。

　２回目，Ａ子はお気に入りのピカチュウのぬいぐるみを持参した。P-F スタディを実施したが，前半にＥ（自己の責任を否認する反応）を多く出し，後半にＭ（他者を許容する反応）とｅ（フラストレーションを他者によって解消してもらう反応）が増え，Ｉ（自己の非を認めて謝罪する反応）は全体に少なめであった。ここから，自己主張するエネルギーはあるが，その表現にはためらいがあり，自分の気持ちを抑圧し，依存的になっていることや，自分をふり返って反

省したり努力したりすることはあまりできないと推測された。

　生物学的には異常がないにもかかわらず，幼稚園入園という社会面での変化後に夜尿がひどくなっていることから，集団生活がストレスになっているらしいこと，心理面では表面的に集団にうまく適応するために多くのエネルギーを使っているが，他者との情緒的なやりとりが未分化で，ストレスへの対処法が感情の抑圧に偏ることが症状を形成していると見立てた。そして，プレイセラピーを通じて情緒的なやりとりが分化し，それによって対人関係の中で感情を調整できるようになることが有効であると考えられた。また，母親もA子への接し方に困っていたので，週1回の親子並行面接を提案し，継続となった。

　この事例では，要支援者との信頼関係を築きつつ，要支援者の同意と協力の得られる範囲で人格検査を行い，さらに面接場面での話や行動・態度の観察から得られた情報も含めて，生物・心理・社会の観点に立って心理的アセスメントを行っている。また，どうすればこの要支援者の心の健康の保持増進に寄与できるかという視点から，その後の心理的支援の目標と有効な支援法をアセスメントしていることも重要な点である。

❖考えてみよう

　人格検査，とくに投映法は，心理学に精通した公認心理師ならではの専門的技術であるが，だからといって，これを使えば無意識も含めた要支援者のパーソナリティの全体像がつかめるわけではないし，そのまま要支援者の心の健康の保持増進に生かせるわけでもない。要支援者本人や他の支援者と一緒に要支援者の心の可能性を探求するためには，人格検査から見えることをどのように伝え，共有したらよいだろうか。

📖 もっと深く，広く学びたい人への文献紹介

氏原 寛・岡堂 哲雄・亀口 憲治・西村 洲衛男・馬場 禮子・松島 恭子（編）(2006).　心理査定実践ハンドブック　創元社
　　☞各心理検査について日本の代表的な心理学者が説明している。取り上げている心理検査の数も多く，事例も豊富である。
村上 宣寛・村上 千恵子 (2019).　[三訂] 臨床心理アセスメントハンドブック　北大路書房

☞徹底的に科学的な立場から心理検査を中心とする臨床心理アセスメントについて書かれている。

引用文献

馬場 禮子（2006）．対象関係スコア　氏原 寛・岡堂 哲雄・亀口 憲治・西村 洲衛男・馬場 禮子・松島 恭子（編）心理査定実践ハンドブック（pp. 251-255）　創元社

Cramer, P. (2017). Defense mechanism card pull in TAT stories. *Journal of Personality Assessment, 99,* 15-24.

Gurven, M., von Rueden, C., Massenkoff, M., Kaplan, H., & Lero Vie, M. (2013). How universal is the Big Five? Testing the five-factor model of personality variation among forager-farmers in the Bolivian Amazon. *Journal of Personality and Social Psychology, 104,* 354-370.

秦 一士（2010）．P-Fスタディ アセスメント要領　北大路書房

市川 緑（2006）．学童期：心身症　氏原 寛・岡堂 哲雄・亀口 憲治・西村 洲衛男・馬場 禮子・松島 恭子（編）心理査定実践ハンドブック（pp. 113-116）　創元社

皆藤 章（2007）．心理臨床の具体（4）：風景構成法　皆藤 章（編）よくわかる心理臨床（pp. 130-141）　ミネルヴァ書房

神谷 栄治（2006）．P-Fスタディ（絵画欲求不満テスト）　氏原 寛・岡堂 哲雄・亀口 憲治・西村 洲衛男・馬場 禮子・松島 恭子（編）心理査定実践ハンドブック（pp. 299-301）　創元社

村上 宣寛・村上 千恵子（2019）．［三訂］臨床心理アセスメントハンドブック　北大路書房

西尾 博行・高橋 依子・高橋 雅春（2017）．ロールシャッハ・テスト統計集——数値の比較検討と解釈に役立つ変数データ——　金剛出版

小川 俊樹（2017）．心理アセスメント2：パーソナリティ検査　小川 俊樹・倉光 修（編）臨床心理学特論（pp. 324-343）　放送大学教育振興会

小塩 真司・阿部 晋吾・カトローニ, P.（2012）．日本語版 Ten Item Personality Inventory（TIPI-J）作成の試み　パーソナリティ研究, *21,* 40-52.

下仲 順子（2006）．Big Five Test　氏原 寛・岡堂 哲雄・亀口 憲治・西村 洲衛男・馬場 禮子・松島 恭子（編）心理査定実践ハンドブック（pp. 540-545）　創元社

鈴木 睦夫（1997）．TATの世界——物語分析の実際——　誠信書房

鈴木 睦夫（2006）．TAT（主題統覚検査）　氏原 寛・岡堂 哲雄・亀口 憲治・西村 洲衛男・馬場 禮子・松島 恭子（編）心理査定実践ハンドブック（pp. 236-245）　創元社

高橋　依子（2019）．投映法　津川　律子・遠藤　裕乃（編）　心理的アセスメント（pp. 134-148）　遠見書房

鶴田　英也（2007）．心理臨床の具体（3）：バウム　皆藤　章（編）よくわかる心理臨床（pp. 118-129）　ミネルヴァ書房

山本　和郎（2006）．かかわり分析　氏原　寛・岡堂　哲雄・亀口　憲治・西村　洲衛男・馬場　禮子・松島　恭子（編）心理査定実践ハンドブック（pp. 246-250）創元社

第6章 症状評価法・診断面接基準
——公認心理師が知っておきたい 知識とその生かし方

榮 阪 順 子

　公認心理師の働く領域は，医療・教育・司法・産業等様々である。症状評価法・診断面接基準について概説する本章の特性上，ここでは精神科医療を想定して述べることとする。

　精神科に治療を求めて訪れる人は，何らかの症状がありそれを改善したいと思いその門を叩く。症状の改善が治療の基本なのは精神科以外の診療科でも同様ではあるが，本章では精神科医療における症状の評価はどのように行われているのかを，症状評価法の紹介を行いつつ概説する。また，症状の評価後にどのように診断を確定していくのか，さらに診断面接について述べる。診断面接は診断を確定するための便宜的なものではなく，そこには医師と患者間のコミュニケーションがあり，それは心理臨床におけるアセスメントとも共通する。診断は医師によってなされるものではあるが，その診断を公認心理師がいかに臨床に生かしていくかという点についてもふれたいと思う。

1　症状評価法

1-1　精神症状

　心の病の症状には，「気分が落ち込む」といった気分に関するものや「やる気がでない」といった意欲に関するもの，また「（おそらく現実的にはそのようなことがない場面で）自分の悪口が聞こえてくる」といった知覚に関するものなど様々である。精神科診療では，まず患者を悩ませている主な困り事について尋ね，さらには，その他の困り事に関しても広く聞いていく。患者が訴える

悩みや苦悩は，患者の体験であり主観的なものである。また，患者の訴えを聞き患者を観察する医師も人間であり，どうしても主観的な判断が入ることは否めない。患者の体験は医師によって症状としてとらえられ，悩みや苦しみに名前がつくこととなる。患者の主観的体験を，対話の中で医師が**精神症状**としてとらえなおし，その後の**診断**においては，この症状の把握が根拠として重要なものとなる。診察において，医師が症状としてとらえる際には，観察や対話による情報の収集が主になるが，それと同時に，症状の評価を数量的にとらえるために質問紙や評価尺度が用いられることもある。

1-2　症状評価法の種類と実施

　患者が訴える精神症状は，一般に意識障害（意識レベルの低下と意識変容），持続的な知的機能低下（認知症症状や巣症状），気分症状（抑うつと躁），その他（不安など）に分けることができるが，いずれも身体疾患に起因して出現しうる。軽度の意識レベルの低下に幻覚や妄想や興奮を伴うせん妄は意識変容の例である。これらの症状のうち，意識障害や持続的な知的機能低下は通常は身体疾患に起因するため，どのような状態であっても，意識と知的機能の評価を忘れないことが大切である。それにより，身体疾患の見落としが減るという（宮岡，2014a）。実際の宮岡（2014a）の診察では，青年期から中高年のうつ状態を主症状とする患者であっても，100から始め7を引いていく連続引き算検査を行い，意識障害と知的機能の有無を見ているという。このエピソードからは，限られた診察時間の中で工夫をしつつ症状の評価を行っていることがわかる。観察や問診による評価をする一方で，症状の評価を数量的にとらえる方法としては，患者自身や患者のことをよく知る観察者（主に両親や教師など）が記入する質問紙法と，評価尺度を用いて評価者が症状の評価を行う方法，さらに評価者による半構造化面接が挙げられる。症状評価は医師が主に行うが，精神科医療では公認心理師が医師の依頼をもとに行う場合もある。この際，**症状評価**を単独で行うよりも，他の心理検査も合わせてテストバッテリーの中に組み込まれていることが多く，患者理解のための一つとして用いることとなる。

　症状評価の実施の目的は①**重症度評価**，②**スクリーニング**（多くの被検者か
ら，特定の病理について問題となる特性を持つ可能性が高い者を抽出する方法），③
診断，④**症状プロフィール**の把握の４つに分けることができる。個々の測定法
は特定の目的のもとに有用性が保証されているため，原則として別の目的のた
めに転用することはできない（宮岡，2014b）。その例として宮岡（2014b）は，
「ハミルトンうつ病評価尺度（HAM-D）は，うつ病という臨床診断の下され
た患者について，その抑うつの程度（重症度）を数量化することを目的として
いる。よってうつ病ではない者の抑うつの程度を測定したり，何点以上をうつ
病であると診断のために用いたりするのは正しくない」としている。

　また，スクリーニングに関しては，カットオフ値よりも高いか低いかによっ
て，病的水準での症状を満たす可能性が高い，または診断基準を満たす可能性
が高いとされるが，それが即診断の基準となるものではない。けっして，スク
リーニングのみで診断を行うことはできない。さらに，得点そのものよりも，
どの項目が誤答だったのかをみることが患者理解に役立つこともある。戸谷・
池田（2014）は，認知症の初期面接においてスクリーニングを行う際に「失点
の内容に注目することが補助診断として重要である」としている。その例とし
て，初期のアルツハイマー病であれば，カットオフ値よりも高得点でも，時の
見当識，３つの言葉の想起，構成の項目に失点が集中することが多いことを挙
げている。さらに，認知症スクリーニング検査での「わからない問題」に対す
る反応の仕方が，認知症の鑑別に役立つという（鳴海・新井，2014）。たとえば，
熟考せずにわからないと答える場合には，前頭葉側頭葉変性症の可能性があり，
またアルツハイマー病の患者は，わからない問題でも取り繕うような言動や，
できないことに対する巧みな言い訳をすることが多い。

　症状の評価を数量化することで，客観的に症状をとらえることができるが，
数値のみに注目するのではなく，受検態度や検査者とのやりとり，どのような
項目で正答，誤答であったかといった，**症状評価**の場面を多角的に眺めること
により，患者理解が深まるものと思われる。

1-3　精神科医療領域で用いられる症状評価法

　精神科医療領域において使用されている主な症状評価法について，以下に挙げる。紹介するのはごく一部である。実際には非常に多くの評価尺度があり，臨床現場の特性や患者に合わせて用いることとなる。

包括的な評価

　BPRS（Brief Psychiatric Rating Scale：簡易精神症状評価尺度）：多彩な精神症状を包括的に評価するための評価尺度。18の項目から成り，重症度を評価する。

統合失調症の評価

　PANSS（Positive and Negative Syndrome Scale：陽性・陰性症状評価尺度）：主に統合失調症の精神状態を全般的に把握するための評価尺度。BPRS の18項目を含む30項目から成り，重症度を評価する。

気分の評価

　① SDS（Self-rating Depression Scale：自己評価式抑うつ性尺度）：抑うつの重症度を測定する。本来は健常者を対象にしていないが，**スクリーニング**として使用することもできる。20項目について4件法で答える簡易なものであり，診察の際に用いられることが多い印象である。また，うつ病患者では意欲の低下が見られることが多く，SDS のような項目をしぼったテストは取り組みやすいものと思われる。

　②日本版 BDI-II（Beck Depression Inventory-Second Edition：ベック抑うつ質問票 第2版）：うつ病と診断された患者の重症度を評価するための質問紙。DSM-IV の診断基準にもとづいた抑うつ症状の有無とその程度の指標として開発されたものではあるが，診断確定の唯一の手段として用いるべきではない。13歳以上が対象で，スクリーニングとしても使用できる。

　③ HAM-D（Hamilton Depression Scale：ハミルトンうつ病評価尺度）：うつ病と診断された患者の重症度を測定するための半構造化面接。そのため，うつ病以外の患者に使用したり，診断名が不明の患者に適用して特定の値以上の者にうつ病が併発していると判断することはできない。抑うつ気分，自殺，睡眠，焦燥，身体症状などについての質問がある。

不安の評価

①新版 STAI 状態─特性不安検査（State-Trait Anxiety Inventory-JYZ）：不安のスクリーニング検査であり，自己記入式の質問紙法である。刻々と変化する不安状態である「状態不安」と，比較的安定した特性としての不安である「特性不安」を分けて測定できる検査である。それぞれ20項目ずつから成る。状態不安検査項目については「今現在の気持ち」，特性不安項目では「ふだんの気持ち」を回答するよう念を押して教示することが必要である。

②ハミルトン不安尺度（Hamilton Anxiety Scale：HAM-A）：不安障害全般の様々な症状を評価できるよう，不安の精神症状，不安の自律神経症状，不眠，認知面の障害，抑うつ気分等の項目から成る。

認知症の評価

① MMSE-J（Mini-Mental State Examination-Japanese）：国際的に最も一般的な簡易認知症検査で，10分程度で実施できる。記憶に関する負荷が下記のHDS-R よりも少ないため，年齢や教育歴の影響を受けやすいとの見方もある。

②改訂長谷川式簡易知能評価スケール（HDS-R）：日本で最も多く用いられている簡易認知症検査である。MMSE 同様に10分程度で実施できる。MMSEとの違いとして，口頭命令動作，書字，図形模写などの動作性検査を含まず，運動障害の影響を排除するように作られている。筆者の勤務する精神科病院では，初診時に医師が HDS-R を行い，さらなる精査が必要と判断された場合にその他の心理検査も行うことが多い。また最近では，高齢者の自動車運転の可否の判断のための受診も増えている。高齢者の自動車事故の報道が多く見られ，心配した家族に連れられて受診するケースが多い。その際には，やはり，**スクリーニング**のための HDS-R を医師が行い，その後は公認心理師が記憶のみならず，遂行機能や注意機能をみるための神経心理学検査をあわせて行うこともある。

自閉スペクトラム症（ASD）の評価

① AQ（Autism-Spectrum Quotient）日本語版：健常な知能を持つ成人（18歳以上）対象の ASD のスクリーニング検査であり自己記入式の質問紙法。スク

リーニングではあるが，健常者の自閉傾向を見ることもできる。

　②PARS-TR：ASDの発達・行動症状についての半構造化面接。対象年齢は3歳以上。養育者（主に母親）に対して行う。得点から，適応の困難にASDの特性が存在している可能性を把握することができる。ただし，**診断**のための面接ではなく，確定診断は専門医によって他の方法でなされる必要がある。筆者の経験では，PARS-TRの半構造化面接そのもので得られた情報とは別に，面接前後での養育者の様子や面接で語られるエピソードから，家庭での状況，親子関係，アタッチメント障害の有無などをうかがい知ることができる。また，たいていの場合は，幼少期の発達の様子や生育歴を尋ねるための面接であると事前に伝えると，主な養育者である母親が来院する場合が多いが，まれに父親のみが来院する場合がある。その際には，母子関係の問題，夫婦関係の問題，または母親の身体疾患や精神疾患，知的能力の低さなどによって，母親による養育が困難であったことなどを，可能性として考えることができる。また，両親そろって来院した場合には，面接での夫婦間のやりとりからも，夫婦関係の力動を見ることができる。これらの情報は，評価の結果には直接的には反映されないが，患者や患者家族を理解するうえでの重要な情報となりうる。さらに，患者や患者家族全体の支援を考えるうえでも役立つものと思われる。

　注意欠如・多動症（ADHD）の評価

　①Conners 3日本語版：子ども（対象年齢は6歳以上。本人用のみ8歳以上が対象）のADHDとその関連症状を評価する質問紙法。ADHDおよびADHDに併存する可能性の高い素行症（CD），反抗挑発症（ODD）の評価もできる。保護者用，教師用，本人用があり，それぞれの結果から情報を比較することができる。DSM-5に準拠し，ADHDの診断に関する詳細な情報を網羅した構成となっている。

　②CAARS日本語版：成人（18歳以上対象）のADHDの重症度を把握するための自己記入式質問紙法。**スクリーニング**としても使用できる。DSM-IVによるADHD診断基準と整合性のある尺度である。自己記入用と観察者記入用があり，両者の結果を比較することができる。

　その他にも，強迫症状と強迫性格について評価をする LOI（Leyton Obsessional Inventry）や摂食障害の症状全般について評価する SRSED（Symptom Rating Scale for Eating Disorders），解離症状について評価を行う DES（Dissociative Experiences Scale）など，あらゆる症状に対する評価尺度が多数存在する。その使用によって，患者の症状を数量的に見ることができ，診断や治療へとつながる足がかりとなる。その一方で，結果をそのまま診断に組み入れたり，多くの評価尺度を用いて症状を測定するということはせず，それぞれの評価尺度がどのような特徴を持っているのか，評価を行うのにどれくらいの時間を要し，患者への負担はどの程度かなど，あらゆる面から考えて選定する必要がある。

2　診断面接基準

2-1　操作的診断とは

　精神科医療における**診断**とは，患者の主観的な訴えや体験を聴取し，症状としてとらえなおし，さらに身体的な診察や検査を行った後に，患者がどのような病気であるのかということを判断することである。内科や外科的な症状については患者も自分に起きていることとして理解しやすく，医師への説明もそこまで困難ではないと思われるが，精神科の患者は自分自身の症状に戸惑い，どのように説明をすればいいのかわからない場合も多い。そのような中で，医師は患者の症状，困り事，症状による生活上の困難などを聞き，患者がどのような人物なのか，治療に何を求めているのかを聞いていかなければならない。神庭（2014）は，「**診断面接**とは『病者の語り』を精神医学の平面に映し出し，それを読み解きつつ，問い，語りかけることである」と述べている。

　精神科医療では，検査所見から明確に診断が確定することができず，客観的な所見は医師の主観を通してとらえられることとなる。そのため，同じ患者を診ても，医師によって大なり小なり異なる判断となる可能性がある。そこで，診断基準の信頼性を高めるために，具体的で客観性の高い診断基準が必要とさ

れた。このような診断基準のことを**操作的診断基準**と呼ぶ。加藤（2015）は「精神科における操作的診断体系は，精神科医なら誰でも同じ診断ができるよう診断基準を明文化したものと特徴づけられる」と述べ，さらに「国際的にも通用する普遍性をそなえている」という。精神医学における操作的診断基準としては，ICD と DSM が代表的である。ICD（International Classification of Diseases：国際疾病分類）とは，世界保健機関（World Health Organization：WHO）によって作成された疾病と死因の分類基準である。ICD の前身は1900年に作成された国際死因分類（International List of Causes of Death：ILCD）であるが，1948年からは死因のみならず疾病の分類も加わり「国際疾病分類」となった。ICD では，精神疾患に限らずあらゆる疾病が分類されており，精神障害については項目 F（ICD-11 では06）として分類されている。一方，DSM（Diagnostic and Statistical Manual of Mental Disorders：精神疾患の診断・統計マニュアル）はアメリカ精神医学会が作成したものであり，初版は1952年に発表された。ICD も DSM も改訂が繰り返されており，最新版はそれぞれ ICD-11（2018年）と DSM-5（2013年）である。

　操作的診断基準が使用されるようになると，患者の症状の陳述から**診断**がなされ，実際の生活の様子や生活の中での困難については聴取されにくくなる可能性がある。横倉（2014）は DSM などの診断基準を使用する際の注意事項として，「症例の見立てには，社会的，心理学的，生物学的因子の影響が重要で，それらの因子を同定するには臨床の訓練が必要」であるため，操作的診断基準を用いるのは経験ある臨床家であることが推奨されていると述べている。

2-2　診断面接基準

　診療における面接においては，患者の情報を過不足なく聞くことが重要である。しかし，短時間の診察場面では，重要な項目を聞き逃すこともしばしば見られる。そこで，**診断面接基準**とは，「最低限度」必要な項目の一覧表を示すという機能を有している（北村，1988）。さらに北村（1988）によれば，面接基準の目的は，重症度評価やプロフィールの呈示も兼ねることが多いが，主たる

目的は診断であり，操作的診断を行うときに面接基準がその力を発揮するという。

　まず，DSM を参照して診断を行うための**診断面接基準**として SCID（Structured Clinical Interview for DSM：構造化臨床面接）が挙げられる。この方法では，現在の疾病を概観する部分が含まれているものの，障害ごとに面接が進行していく。まず患者に，これまでに 2 週間にわたって憂うつだったことが 1 回でもあったかを尋ね，そこからうつ病の関連症状を質問していくといったやり方で，各障害について確認していくこととなる。これに対して SADS（Schedule for Affective Disorders and Schizophrenia：情動障害と統合失調症の面接基準）では，面接時点での障害にまず焦点を当て，そこから過去の病歴にさかのぼるという進め方であり，面接手順が異なる。

　精神科医療場面では，公認心理師が診断面接基準にのっとって面接を行うことは少ない。あくまでも診断のための面接であるため，通常は医師が行う。ただし，筆者の経験では，ADHD の診断評価のための診断面接ツールである CAADID（Conners' Adult ADHD Diagnostic Interview for DSM-Ⅳ）日本語版に関しては，他の心理検査とあわせて実施することもあるため，医師と公認心理師の連携が必要である。

2-3　診断面接において行うこと

　診断面接は，診断を確定するための面接ではあるが，それは患者が待合室から診察室に入るときの観察から始まる。笠原（1980）は「病人の入室時，診療のために大変大事な一瞬である。このときだけはいかに忙しくとも眼はドアに据えるべきであろう」と述べ，さらに「意識状態や社会適応力の程度等も，このとき一番わかりやすいのではなかろうか。病人の方に感情移入すれば，一番プレッシャーのかかっている時である。それだけに外から見えやすいサインを彼らは一番多く出す」といっている。こうした観察は，公認心理師がクライエントと最初に出会うときにも大変重要になってくるもののように思われる。緊張の度合いの強さ，また逆に過度になれなれしいなどの態度から，クライエン

トの対人距離の取り方や不安の強さなどをうかがうことができる。また，待合での様子も参考になる。待合でのクライエント本人の様子もさることながら，付き添いがいる場合には，その関係性にも注目するとよい。家族と遠く離れて座っていたり，また思春期の男子が母親と密着して座っているなど，こちらが何らかの違和感を持つようなときには，それがその後の**心理的アセスメント**の際に役立つと思われる。

　さて，診断面接が始まると，受診の経緯や主訴が尋ねられる。現在の困り事や生活の様子から生活歴へと話が続き，仕事や家庭の話からこれまでの学校生活の話や幼少期の話へと続く。さらに，野間（2014）は「身体疾患および精神疾患の家族歴を確認することで，生育環境としての家族構成と遺伝負因としての家族歴の両方を把握する」ことができるため，初診における家族背景の聴取の重要性を述べている。これは，多くの精神疾患には遺伝負因があることと，どのような家庭環境で生まれ，どのような生い立ちをたどったのかといった環境要因の双方を念頭におく必要があるからである。遺伝負因の側面でいうと，家族の精神疾患や自殺についての聴取が必要となる。筆者の経験からは，家族に自殺既遂者がいる場合，遺伝負因という面のみならず，患者本人が何かで行き詰まった際に，その苦痛から逃れるための方法として自殺が頭に浮かびやすいのではないかという印象を持っている。そのため公認心理師がクライエントと出会い，心理的アセスメントを行う際にも，家族歴の聴取は重要であるだろう。

　また，「器質性疾患が**精神症状**の背景にある場合，原疾患が改善しなければ精神症状も軽快しない場合が多く，器質因の有無を最初に**鑑別**することが重要である。仮に外因性（器質性）が一度は否定されたとしても，内因性・心因性を想定して実施した治療が奏功しない際には，もう一度器質性疾患の可能性を疑い，**診断**を考え直すことも必要である。実臨床では，この一連の流れを繰り返すことが基本である」（遊亀・池田，2015）とされている。精神症状があるからといって，必ずしも精神疾患が原因とは限らず，血液検査，画像検査，脳波検査等により，器質的な疾患を除外していく除外診断が必要である。筆者が精神科病院に勤務してすぐの頃には，初診の際に血液検査やCT，脳波などの検

査を実施していることに驚くと同時に，丁寧に検査を行い他の疾患を除外していくことが重要であることを学んだ。

　また，診断の鑑別も必要となってくる。最近では，ASD や ADHD といった発達障害についても念頭においておく必要がある。これまで，統合失調症やパーソナリティ障害と**診断**されていた人の中には，発達上の問題を抱えている人も多くいると思われ，発達障害の**鑑別**や合併を考える必要がある。さらに，トラウマを抱えた子どもは，アタッチメント障害や ADHD に似た症状を呈しやすいと同時に，ADHD の子どもが虐待を受けトラウマを抱えることもあるため，トラウマと発達障害の影響は大きい。また，ASD や ADHD といった診断が下されずとも，明らかに社会生活に支障が生じているケースは多く見られ，その患者の発達特性を考慮したうえで治療の方針を立てる必要がある。

　ここまで述べてきたように，**診断面接**においては，患者の症状のみに焦点を当てるのではなく，患者の人生や人物そのものをトータルに理解する姿勢が必要である。精神科診療においては，まずは患者の「人生の大きな流れを知る」ことが大切であるという（青木他，2015）。たんに，診断基準に当てはまるかどうかの面接を行うことが診察ではなく，患者の生活や生活史，そこにどのような形で病気が経過しているのかを知ることで，病気が患者の人生に与える影響や患者にとっての病気の意味が見えてくる。そして，診断と治療は患者の人生がよりよい方向に向かうためになされるべきである。また，青木ら（2015）の「医師・患者関係は一方向的なものではなく相互観察であること」「症状を把握する診察は同時に精神療法であること」という考えは，**関係性**を重視しており，双方向的な医師・患者関係が治療を促進するものととらえている。これらは心理臨床にも通じる考え方である。

3　診断と心理的アセスメント

3-1　診断と心理的アセスメントの異同
　ここまで診断について述べてきた。診断は医師によってなされるものであり，

患者の症状を評価することから始まり，疾病や障害を特定し今後の治療を適切に進めるために行われる。一方で**心理的アセスメント**は，事例についての個別性が尊重され，その人の病理的な側面のみならず，パーソナリティや取り巻く状況，人となり全体を理解することである。両者の間には，強調する点に違いはあれども，**生物─心理─社会**の3つの側面に視点をとらえている点，臨床家と患者の双方向的なコミュニケーションの賜物であること，一度確定すれば良いものではなく，つねに更新していくべきものであることなど，共通点も多い。

3-2　公認心理師が診断をどう生かすか

　診断は何のために，誰のためにあるのかと考えると，まずは患者の治療方針を立て，適切な治療を行うためであることはいうまでもない。それと同時に，診断というのは，その患者にかかわる臨床家にとっての共通言語となりうると思われる。それは，医師が下した診断をみることで，医師が患者のどの部分をより治療が必要な症状とみているのか，どう考えているのかということがわかるからである。ただし，共通言語となりうるためには，診断のための基準が同一のものでなければならない。

　ここで事例を取り上げたい。なお，事例には一部修正を加えている。筆者がかつてカウンセリングを担当していた高齢女性（Aさん）について，Aさんの主治医と話していたときのことである。Aさんは，気分の変動，興奮，妄想などが症状として見られた。医師の診察や心理検査から，精神病圏であることは否定されており，認知機能にも問題は見られなかった。筆者は，Aさんの生育歴や現在の生活について聴き取る中で，彼女の青春時代が戦時中と重なり，やりたいこともできず，自分の大切なものが理不尽に奪われていった辛い経験がうかがえた。高齢となった現在では，能力的にできないことが増え，別れや手放さざるをえない出来事を重ねており，その悲しみ，さみしさ，もどかしさ，怒りといった感情が妄想という形で表現されているように感じられた。一方で，診察場面では威勢よく話し，ときには家族と口論になるAさんを診ていた医師は，Aさんのことを筆者と話す際に「あの人は双極性障害だからね」と述べた。

医師と筆者では，Aさんに対する視点がまるっきり異なっており，医師の下した診断と，公認心理師である筆者の**心理的アセスメント**には大きなズレがあるように感じられた。医師と公認心理師では，患者との関係性は異なるため，患者がそれぞれの治療者に向けて表現しているものが変わるという面もあるが，治療者側の持つ視点の違いによっても，患者の評価が変わるものと思われた。しかし，いずれの面も患者が持ち合わせているものである。「双極性障害」という言葉によって，筆者が見落としがちになっていた疾病による言動面を医師が示してくれたといえる一方で，公認心理師である筆者の心理的アセスメントを伝えることで，双方にとってAさんの理解がよりいっそう進むものと感じられた。

　主に症状から診断を下す医師と，患者の人生のストーリーを組み立て，その中での患者の苦悩や困難を見ようとする公認心理師との間で，「**診断**」というものが1つのキーワードとなり，患者理解が進むのではないかと思われる。

> ❖考えてみよう
> ・症状評価をするための実施の目的について整理してみよう。
> ・精神科診断と心理的アセスメントの違いについて考えてみよう。
> ・公認心理師が症状評価を行う意義，医師との連携について考えてみよう。

もっと深く，広く学びたい人への文献紹介

　宮岡　等（2014）．こころを診る技術──精神科面接と初診時対応の基本──　医学書院
　　　☞精神科診療がいかにして行われているのか，症状の評価から診断まで細かく具体的に記されている。医師のみならず，公認心理師を含む臨床家にも役立つ内容である。
　笠原　嘉（2007）．精神科における予診・初診・初期治療　星和書店
　　　☞精神科外来診療の手引きとして1980年に刊行された名著が，2007年に加筆修正され復刊された。たんなる手引き書ではなく，その内容は精神科医療の神髄であるといえる。
　青木省三（2017）．こころの病を診るということ──私の伝えたい精神科診療の基本──　医学書院

☞精神科診療で患者の何をみるのか，何を行うのかということが著者の温かいまなざしで描かれている。症状の評価や診断について学ぶのみならず，事例の記述からは患者に対しての真摯で誠実な姿勢が感じられる。

引用文献

青木　省三・加藤　雅人・鷲田　健二・末光　俊介・石原　武士・村上　伸治（2015）．精神科診療の基本　臨床精神医学，*44*(6)，789-794.

神庭　重信（2014）．私の，うつ病の初期面接　臨床精神医学，*43*(4)，453-461.

笠原　嘉（1980）．予診・初診・初期治療　診療新社

加藤　敏（2015）．診断の基本的な考え方――操作的診断 vs 伝統的診断――　臨床精神医学，*44*(6)，803-809.

北村　俊則（1988）．精神症状測定の理論と実際 第2版――評価尺度，質問票，面接基準の方法論的論考――　海鳴社

宮岡　等（2014a）．精神科診療における身体疾患の考え方　精神科治療学，*29*(7)，867-870.

宮岡　等（2014b）．こころを診る技術――精神科面接と初診時対応の基本――　医学書院

鳴海　千夏・新井　平伊（2014）．初診，初期治療で使える「認知症検査」　精神科治療学，*29*(6)，781-787.

野間　俊一（2014）．精神科初診における生育歴と家族背景の聴取――何を疑った時，どこまで聴いておくべきか――　精神科治療学，*29*(7)，905-910.

戸谷　修二・池田　学（2014）．認知症の初期面接　臨床精神医学，*43*(4)，513-517.

横倉　正倫（2014）．DSM-5 総論　森　則夫・杉山　登志郎・岩田　泰秀（編著）臨床家のための DSM-5 虎の巻（pp.8-15）　日本評論社

遊亀　誠二・池田　学（2015）．身体診察および検査――器質疾患をいかに除外するか――　臨床精神医学，*44*(6)，821-827.

第 **7** 章　神経心理検査・認知機能検査
──心と脳の関係を探る

小海宏之

　近年，臨床現場では，発達障害児・者の心理的アセスメントにおいて，従来のような知能指数や発達指数の評価だけでなく，詳細な認知機能のプロフィールの把握が重視されるようになったため，神経心理学的アセスメントが求められてきている。また，交通事故などで負った脳損傷に起因する高次脳機能障害者や，様々な認知症性疾患患者や，認知症のハイリスク要因ともなる糖尿病などの内科疾患患者に対しても，神経心理学的アセスメントが求められてきている。このように公認心理師にとっては，まず神経心理検査を適切に実施し，脳機能を含めた適切な解釈ができることが大切となる。そこで本章では，中枢神経系の構造と機能局在，神経心理学的アセスメントの目的・方法・留意点および主な神経心理検査の種類と特徴，神経心理学的アセスメントの実際などについて概説する。

1　中枢神経系の構造と脳の機能局在

1-1　中枢神経系の構造

　認知機能を考えるにあたって，まず**中枢神経系**の構造を修得しておくことが大切である。中枢神経系は，大脳・脳幹・小脳・脊髄で構成される。また，大脳は，大脳半球（前頭葉・側頭葉・頭頂葉・後頭葉），大脳基底核（線条体（被殻・尾状核）・淡蒼球・視床下核），大脳辺縁系（側坐核・乳頭体・扁桃体・海馬），間脳で構成され，脳幹は中脳・橋・延髄で構成される。

1-2 脳の機能局在

神経心理学的アセスメントを考えるうえでは，次に**脳の機能局在**について修得しておくことが大切である。ほとんどの右手利き[1]の成人は左大脳半球に言語機能が存在するので，言語の優位性から左大脳半球を優位半球，右大脳半球を非優位半球と呼ぶ。左右の大脳半球は脳梁でつながっており，左脳は言語や論理，右脳は空間や情操の機能を主に担っている。

中枢神経系の主な機能局在として，前頭葉は実行や概念化の機能を担っており，とくに前頭前野がワーキングメモリー，一次運動野が随意運動，運動前野が協調運動，ブローカ野が運動言語などの機能を担っている。側頭葉は文脈理解の機能を担っており，とくにウェルニッケ野が感覚言語の機能を担っている。頭頂葉は視空間認知機能を担っており，とくに一次体性感覚野が体性感覚，縁上回が読字，角回が書字などの機能を担っている。後頭葉は視覚認知の機能を担っており，とくに紡錘状回が相貌認知の機能を担っている（図7-1）。

また，大脳基底核の線条体（被殻・尾状核）は手続き記憶，淡蒼球は動機づけ，視床下核は運動調節などの機能を担っており，大脳辺縁系の側坐核は報酬や快感，乳頭体は情動記憶，扁桃体は怒りや恐怖などの情動中枢，海馬は記憶中枢としての機能を担っている（図7-2）。

そして，間脳の視床は嗅覚以外の感覚の中継機能，視床下部は体温調節・睡眠・性行動・摂食行動など自律神経機能の中枢，松果体はサーカディアンリズム（概日リズム）などの機能を担っている。さらに，脳幹の中脳（黒質・大脳脚）は運動調節，橋は脳神経系の伝達の中枢，覚醒の中枢で睡眠にもかかわっており，延髄は心臓・血管運動・呼吸・嚥下など生命維持機能の中枢，小脳は平衡機能，知覚と運動機能の統合の機能などを担っている（図7-2）。

➡1 　右手利きの人の約90％が左半球に言語野があり優位半球となる。ただし，右手利きの人で5％程度，左手利きの人で40％程度が右半球に言語野をもつことが知られている。

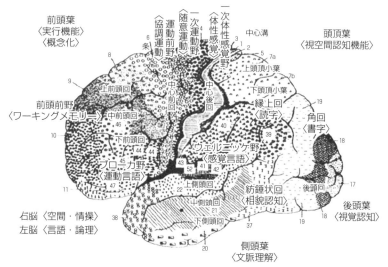

図 7-1　ブロードマンの脳地図による大脳の外側面と主な機能局在
（出所）小海（2022）

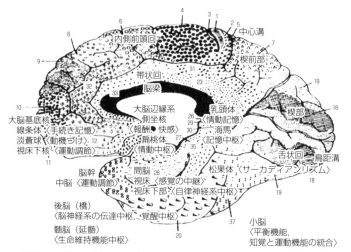

図 7-2　ブロードマンの脳地図による大脳の内側面と主な機能局在
（出所）小海（2022）

2　神経心理学的アセスメントの目的，方法，留意点および検査の種類

2-1　神経心理学的アセスメントの目的

　神経心理学的アセスメントの目的としては，①高次脳機能障害のスクリーニング，②障害プロフィールの把握，③法的手続きにおける能力判定の補助的資料，④より適切なケアを行うための一助があり，それぞれ次のような点について念頭においておくべきである。

①高次脳機能障害のスクリーニング

　全般的知的機能や各種の認知機能の未発達や低下が，知的能力障害，限局性学習症，注意欠如・多動症，自閉スペクトラム症などの発達障害によるもの，統合失調症などの精神疾患やパーソナリティ障害などによるものであるか否かをスクリーニングするために心理的アセスメントを行う。さらに，高齢期に入ると，多くの人はもの忘れが増え複数の作業を同時に行うことなどが苦手となる。このような状態が，認知症性疾患によるものであるか否かをスクリーニングするために心理的アセスメントを行う。

②障害プロフィールの把握

　高次脳機能障害と診断されても，人のもつ精神機能は多岐にわたるので，たんに認知機能の重症度だけをアセスメントするだけではあまり意味がないといえる。さらに詳細な知的機能や情緒的機能など障害されている精神機能と，そうでない部分を正確に知るために心理的アセスメントを行う。

③法的手続きにおける能力判定の補助的資料

　我が国では知的能力障害・者に対して，一貫した指導・相談を行い，各種の援助措置を受けやすくすることを目的に療育手帳が配布されている。また，精神障害者の自立と社会参加の促進を図ることを目的とし，1995年の精神保健及び精神障害者福祉に関する法律（精神保健福祉法）の改正で精神障害者保健福祉手帳の交付が規定された。その交付の際，障害程度の確認判定のために，心理的アセスメントを行う。また，2004年に成立した発達障害者支援法に関連す

る能力判定の補助的資料にも，心理的アセスメントが活用されている。なお，発達障害者に対しても精神障害者保健福祉手帳が交付される場合があるので，その際の障害程度の確認判定のためにも心理的アセスメントを行う。

　さらに，我が国では近年の認知症高齢者の急増や精神障害者の自己決定権尊重（ノーマライゼーション）の必要性から，2000年に成年後見制度が策定され，従来の禁治産，準禁治産の宣告がなくなり，後見・保佐・補助の3類型と任意後見選任が新たに設けられた。その際の判断能力の障害程度を判定するために心理的アセスメントを行う。

　④より適切なケアを行うための一助

　個々人の障害プロフィールを心理的アセスメントにより正確に把握したうえで，適切なケアを実施することに加え，定期的もしくは適宜，再検査を行うことによりケアの効果を判定し，場合によってはケア計画を変更するフィードバックを行うために心理的アセスメントを行う。

2-2　神経心理学的アセスメントの方法

　神経心理学的アセスメントの方法は，臨床心理学的アセスメントの方法と同様に，①生活史および病歴，②行動観察，③面接，④臨床心理・神経心理検査，⑤医学的検査などの情報により総合的に判断することが大切である。

　生活史や**病歴**に関しては，たとえば発達障害の場合は周産期の経過，出生時の状況，身体の発達状況，予防接種の受診状況など母子健康手帳の記録が重要な情報になる場合もあるし，知覚過敏，こだわり行動などのエピソード，家族関係や友人関係における社会性やコミュニケーションの発達状況などの情報の聴取も手がかりとなる。精神疾患などでは，生活史や病歴の聴取とともに，家族のサポート状況の聴取が再発予防の点からも重要となる。高齢者の場合，認知症をきたす疾患によって経過や周辺症状が異なるので，それらの特徴をとら

→ 2　日本のかつての民法における制度で，心神喪失の常況にあり後見人が付けられる者に対する宣告が禁治産で，心身耗弱の常況にあり保佐人が付けられる者に対する宣告が準禁治産である。

えるために，生活史や病歴を聴取しておくことが大切となる。

　行動観察に関しては，たとえば発達障害の場合はアイコンタクトや座位姿勢保持ができるか，持続性注意力や注意の転導性などの観察が重要となる。精神疾患などでは，アイコンタクトに加え，プレコックス感[3]（Praecox-Gefühl）・抑うつ感・不安感・焦燥感・持続性注意力や注意の転導性などの観察が重要となる。高齢者の場合，American Psychiatric Association（2013）のDSM-5診断基準によれば，アルツハイマー病による認知症では取り繕い反応が見られたり，レビー小体病を伴う認知症では運動障害が見られたり，血管性認知症では心理検査場面で破局反応を示したり，前頭側頭型認知症では状況にそぐわないふざけた言動をしたり（ふざけ症），よく考えずにおざなりな返答をする（考え無精）などが，多く見られる。そこで，このような非言語的な行動の特徴をよく観察しておくことが大切となる。

　面接に関しては，たとえば発達障害の場合は言語的なコミュニケーションの発達状況，情動表現の自由さなどの情報が重要となる。精神疾患などでは，それらに加え患者本人の病識なども重要となる。高齢者の場合は，とくに言語的なコミュニケーションにより，認知症症状に対する理解の程度や，生活上の問題点を把握することが大切となる。とりわけ軽度認知障害の状態ではうつ病の合併もよく見られるので，不安感や抑うつ感の把握も大切となる。

　臨床心理・神経心理検査に関しては，まず全般的な認知機能や検査を行う際に中心的に考えるべき高次脳機能障害の把握が大切となる。また，その他の認知機能や人格面の評価が必要となる場合もあり，被検者の負担をできるだけ少なくするとともに，より有用なデータを聴取するための適切なテストバッテリーを組むことが重要である。

　医学的検査に関しては，発達障害の場合は脳画像診断では問題がないことが多い。しかし，小児期に療育手帳の発行および療育を受けてきた者が，壮年期になり身体疾患などで来院した病院で，はじめて脳梁の部分欠損が偶然見つか

→**3**　統合失調症者に特有の不可解さや奇妙なよそよそしい感じのこと。

り，脳の低形成による影響を考える必要性が示唆された臨床経験もあるので，知的能力障害の判断においては留意を要する場合がある（小海他，2004）。また，精神疾患などの場合は，たとえばてんかんでは脳波所見が重要となるし，統合失調症では抗精神病薬の副作用として口渇感を生じやすく，水分の過剰摂取による水中毒として低ナトリウム血症を起こすこともあり，血液検査が重要となる。高齢者の場合は，甲状腺機能低下やビタミン欠乏症などは血液検査により，脳腫瘍や硬膜下血腫は脳画像により判断ができるので重要な情報源となる。

2-3　神経心理検査を実施するうえでの一般的留意点

神経心理学的アセスメントを行ううえでの一般的留意点としては，①事前にカルテ，脳画像などの必要な情報を医師から得ておく，②ラポールを形成する[4]（同時に意識状態や意欲の程度，記憶障害・失語・失読・失書・失行などの有無や重症度について打診する），③適切なテストバッテリーを構成する，④検査目的や，検査の構成・特性について説明する，⑤感覚機能の低下に対して配慮する（高齢者の場合は，あらかじめいくつかの度数の老眼鏡を検査室に準備しておく），⑥無理のない励ましをする，⑦注意の払われ方に留意する，⑧個人にあった教示方法で実施する，といったことが大切となる。とくに，各種の神経心理検査を実施する際には，各下位検査が何を測定するのかをよく理解したうえで，検査を受ける各個人にあった教示方法で実施することが最も大切である（小海，2019）。

2-4　主な神経心理検査・認知機能検査の種類と特徴

主な神経心理検査・認知機能検査には，**スクリーニング検査**として改訂長谷川式簡易知能評価スケール（HDS-R），Mini Mental State Examination-Japanese（MMSE-J），Japanese Version of The Montreal Cognitive Assessment（MoCA-J）などがあるが，使用する際はスクリーニング検査としての限界を認識しておくことが大切である。

➡ 4　心の疎通性のこと。

表7-1 主な神経心理検査・認知機能検査および各検査の特徴

検査名	特　徴
スクリーニング検査	
HDS-R	認知症鑑別で使用され，言語性検査のみで構成されるためベッドサイドで実施可。得点範囲は0-30点，カットオフ値は20/21点で，20点以下が認知症疑い。
MMSE-J	もともとは認知障害を有する精神疾患患者を検出する目的で考案された。得点範囲は0-30点であり，カットオフ値は軽度認知障害と軽度アルツハイマー病が23/24点で，23点以下が軽度アルツハイマー病疑い，健常と軽度認知障害が27/28点で，27点以下が軽度認知障害疑い。
MoCA-J	軽度認知障害を検出する目的で考案された。得点範囲は0-30点で，教育歴の影響を是正するために，教育歴が12年以下の場合には30点満点である場合を除いて1点を加点。カットオフ値は25/26点で，25点以下が軽度認知障害疑い。
全般的知的機能検査	
COGNISTAT	3領域の一般因子（覚醒水準，見当識，注意）と5領域の認知機能（言語，構成能力，記憶，計算，推理）が評価できる。スクリーン-メトリック方式がとられ，障害の程度を障害なし，軽度，中等度，重度の4段階で評価できる。
WISC-IV	適用年齢は5〜16歳（米国版は6〜16歳）。基準年齢群における平均を100，1標準偏差（SD）を15とした言語理解指標（VCI），ワーキングメモリー指標（WMI），知覚推理指標（PRI），処理速度指標（PSI）の4つの群指標とそれらの指標から全検査IQ（FSIQ）が算出できる。
WAIS-IV	適用年齢は16〜90歳。基準年齢群における平均を100，1SDを15とした言語理解指標（VCI），ワーキングメモリー指標（WMI），知覚推理指標（PRI），処理速度指標（PSI）の4つの群指標とそれらの指標から全検査IQ（FSIQ）が算出できる。
KABC-II	適用年齢は2歳6か月〜18歳11か月（米国版は3歳0か月〜18歳11か月）。検査結果を子どもへの指導に生かす目的で開発。認知処理過程（心理学的アセスメント）としての認知尺度は，継次尺度，同時尺度，計画尺度，学習尺度の4尺度で構成され，習得度（教育的アセスメント）である習得尺度は，語彙尺度，読み尺度，書き尺度，算数尺度の4尺度で構成され，別々に測定できる。
DN-CAS	適用年齢は5歳0か月〜17歳11か月。ルリア（Luria, A.R.）の神経心理学的モデルに端を発したPASS理論によって示される認知機能を測定するために開発。プランニング（Planning），注意（Attention），同時処理（Simultaneous），継次処理（Successive）の4つの機能を測定。
ADAS	アルツハイマー病に対する塩酸ドネペジルの薬理効果を測定するのが主な目的とされ，その際には得点範囲が0-70点の認知機能下位尺度（ADAS-cog.）のみが用いられることが多い。非認知機能下位尺度（ADAS-noncog.）は，涙もろさや抑うつ気分など10項目で構成され，得点範囲は0-50点であり，いずれも失点方式であるため，高得点になるに従って障害の程度も高度となる。
記憶機能検査	
WMS-R	適用年齢は16〜74歳。基準年齢群における平均を100，1SDを15とした言語性記憶指標，視覚性記憶指標，一般的記憶指標，注意／集中力指標，遅延再生指標の5つの指標が算出できる。
三宅式言語記銘力検査	有関係対語10対，無関係対語10対を各3回ずつ施行する。アルコール依存症や一酸化炭素中毒後遺症では，有関係対語と無関係対語の成績が大きく乖離し，無関係対語の成績低下が著しい。
S-PA	適用年齢は16〜84歳。三宅式言語記銘力検査と異なり系列ごとに順序が変化するため，系列位置効果としての初頭努力や親近効果が出現しにくいが，記憶素材が詳細に検討されている。
BVRT	適用年齢は8〜80歳以上の高齢者。10枚の図版を即時再生，もしくは模写や遅延再生させることによって，視空間認知，視覚記銘力，視覚認知再構成などの側面を評価。図版が3種類あり，学習効果を排除したうえで短期間におけるリハビリテーション効果を再検査により測定可。
ROCF	複雑図形を模写させ，3分後および30分後に遅延再生させ，18ユニットそれぞれを0-2点，計36点満点として採点する。
RBMT	11の下位検査項目で構成され，日常記憶の障害，つまり生活障害を定量化でき，並行検査が4セット用意されており，学習効果を排除したうえで，リハビリテーションなどの効果測定を縦断的に行いやすく，他の神経心理検査に見られない展望記憶機能を測定できる。

前頭葉機能・遂行機能検査	
FAB	6の下位検査で構成され，得点範囲は0-18点である。高齢者にFABを実施する場合は11-12点あたりがカットオフ値として妥当とされ，それぞれの点数以下が前頭葉機能障害疑い。
WCST	もともとは128枚のカードを用いていたが，新修正法は48枚のカードを使用する。前頭葉機能の注意や概念の転換の機能を評価できる。
TMT-J	適用年齢は20〜89歳。partA，partBいずれも所要時間は年代に応じて，平均「＋1標準偏差（SD）以内」，それよりも長く平均「＋2SD以内」，さらにそれを超える「延長」のいずれに入るかの判定，および誤反応の回数に応じた判定を行い，両者から「正常」「境界」「異常」に総合判定できる。2セットが用意されており，学習効果を排除したうえでの再検査可。
BADS	定型的な神経心理検査には反映されにくい日常生活上の遂行機能（自ら目標を設定し，計画を立て，実際の行動を効果的に行う能力）を総合的に評価するために考案された。総プロフィール得点（範囲0-24点）の得点分布のパーセンタイル（% ile）値は，平均が100，1SDが15の標準化された得点に変換され算出できる。
SPTA	失行を中心とした高次動作障害を検索する目的で開発された。顔面動作，上肢慣習的動作など13の下位検査で構成される。
注意・集中機能検査	
CAT-R・CAS	成人の脳損傷者にしばしば認められる注意の障害や意欲・自発性の低下を臨床的かつ定量的に評価することを目的に開発された。
BIT	注意の方向性の障害である半側空間無視の症状と日常生活上の障害を予測することを目的に開発された。
視空間認知機能検査	
CDT	ルーローら（Rouleau, I., Salmon, D. P., Butters, N., Kennedy, C., McGuire, K., 1992）による方法がよく使用され，口頭教示によるCommand CDTと模写によるCopy CDTがあり，それぞれ盤面の構成，数字，針について10点満点で評価する。
コース立方体組み合わせ検査	積木模様の組み合わせだけで一般知能としてのIQを算出できる。もともとは，聾唖者，聴覚障害者などの非言語的知能の評価としてよく使用されてきたが，現在は後頭葉背側経路における視空間認知構成や前頭前野における心的回転などの認知機能の評価としても利用されてきている。
RCPM	視覚的課題の演繹的な推理能力を測定する検査として考案された。12課題1セットで，計3セット，36課題，36点満点でテストが構成されている。RCPMとWAISの全検査知能指数（TIQ）の相関図より，推定IQを算出できる。
VPTA	視覚失認，視空間失認を中心とした高次視知覚機能やその障害を包括的に把握できるように開発された成人用のテストバッテリー。
失語症検査	
WAB	包括的な失語症の検査であり，左右それぞれの大脳皮質指数および失語指数が算出できるため，失語症の回復や憎悪を評価しやすい。
SLTA	包括的な失語症の検査であり，聴く・話す・読む・書く・計算の5側面，計26項目の下位検査で構成されている。

　全般的知的機能検査（第4章参照）としては，Neurobehavioral Cognitive Status Examination（COGNISTAT），ウェクスラー式知能検査（WISC-Ⅳ：子ども用，WAIS-Ⅳ：成人用），Kaufman Assessment Battery for Children-Second Edition（KABC-Ⅱ日本版），Das-Naglieri Cognitive Assessment System（DN-CAS日本版），Alzheimer's Disease Assessment Scale（ADAS）などがある。とくに知能検査も全般的知的機能を測定するための神経心理検査のバ

ッテリーの一部であるという認識が大切で，たとえば知能指数（intelligence quotient：IQ）と高次脳機能障害を把握するためには，WAIS-III簡易実施法（4下位検査版：符号，行列推理，数唱，知識）と他の神経心理検査によりテストバッテリーを組み直すことも必要である。

　記憶機能検査としては，Wechsler Memory Scale-Revised（WMS-R），三宅式言語記銘力検査，標準言語性対連合学習検査（S-PA），ベントン視覚記銘検査（BVRT），レイ複雑図形（ROCF），リバーミード行動記憶検査（RBMT）などがあり，とくにRBMTは生活障害や展望記憶機能を定量化できる重要な検査である。

　前頭葉機能・遂行機能検査としては，Frontal Assessment Battery（FAB），Wisconsin Card Sorting Test（WCST），Trail Making Test-Japanese Edition（TMT-J），遂行機能障害症候群の行動評価（BADS），標準高次動作性検査（SPTA）などがあり，とくにSPTAは失行に対するリハビリテーションの効果測定に用いることが多い。

　注意・集中機能検査としては，改訂版標準注意検査法（CAT-R）・標準意欲評価法（CAS），行動性無視検査（BIT）などがあり，高次脳機能のベースとして注意機能があるので，CATなどにより注意機能を精査することも大切である。

　視空間認知機能検査としては，時計描画検査（CDT），コース立方体組み合わせ検査，レーヴン色彩マトリックス検査（RCPM），標準高次視知覚検査（VPTA）などがあり，とくにVPTAは失認に対するリハビリテーションの効果測定に用いることが多い。

　失語症検査としては，WAB失語症検査（WAB），標準失語症検査（SLTA）などがあり，とくにSLTAを失語に対するリハビリテーションの効果測定に用いることが多い。

　これらの各検査の特徴をまとめたものは，表7-1に示す通りであり，目的に応じて適切にテストバッテリーを組むことが大切となる。なお，神経心理検査の実施にあたっては，各検査のマニュアルおよび文献紹介で取り上げた書籍などを参照していただきたい。

3　神経心理学的アセスメントの実際

　以下の3つの症例は，プライバシーに配慮し，いずれも実際の症例に改変を加えている。

3-1　正常圧水頭症

　ここでは正常圧水頭症（normal pressure hydrocephalus：NPH）の45歳男性（右手利き）の症例を紹介する。

　症例の頭部 MRI は図7-3に示す通りである。この男性のような NPH 患者では，脳室の脳脊髄液の圧力が高まり内側面から圧排されるので脳室が拡大する。そのため，とくに基底核周辺の認知機能である注意機能が障害されやすく，その上層機能である高次脳機能も全般的に障害されると考えられる。この男性の場合，VP シャント[5]術前の注意の評価点は3点であったのが，VP シャント

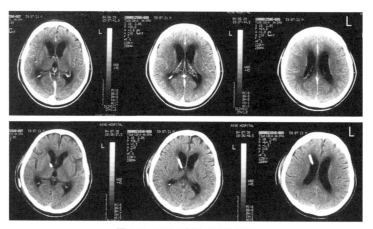

図7-3　NPH 症例の頭部 MRI
（注）上図は VP シャント術前，下図は術後

➡5　脳室から腹腔に細いチューブを通し，バルブにより髄液の圧力を調整できるようにする治療法のこと。

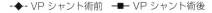

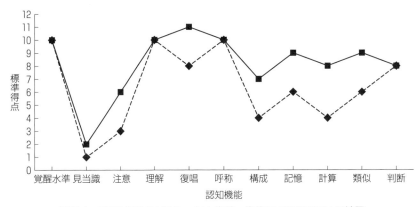

図7-4　NPH 症例の VP シャント術前，術後の COGNISTAT 結果
(注) 標準得点の判定基準：正常域（9〜12点），軽度障害域（8点），中等度障害域（7点），
重度障害域（6点以下）

術後には6点に改善し，その他，復唱8点→11点，構成4点→7点，記憶6点
→9点，計算4点→8点，類似6点→9点と顕著に高次脳機能が改善している
ことがわかる（図7-4）。なお，日本語版 COGNISTAT 検査用紙のプロフィー
ルは，評価点6点以下はすべて重度障害域で括られてしまうので，この場合，
注意は VP シャント術前後いずれも重度障害域となってしまう。そこで，プロ
フィールを折れ線グラフ化した図7-4のように具体的な評価点を明示した方が
望ましい場合もあろう（小海，2019）。

3-2　注意欠如・多動症

ここでは注意欠如・多動症（Attention-Deficit ／ Hyperactivity Disorder：
ADHD）の17歳男性，高校1年生（左手利き）の症例を紹介する。
中学校1年生のときに他施設で受検していた WISC-III の結果は，言語性
IQ91，動作性 IQ97，全検査 IQ93，言語理解92，知覚統合97，処理速度91です
べて普通域であった。また，下位検査評価点は，知識10，類似8，算数8，単
語9，理解8，数唱9，絵画完成10，符号10，絵画配列6，積木模様12，組合
せ10，記号探し10で，知識と積木模様が＋，絵画配列が W（weakness）で，

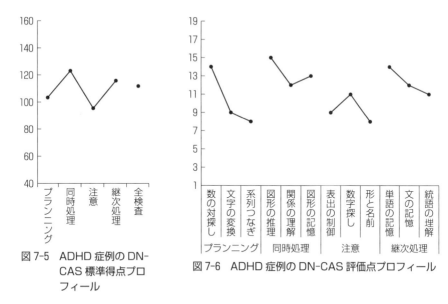

図7-5　ADHD 症例の DN-CAS 標準得点プロフィール

図7-6　ADHD 症例の DN-CAS 評価点プロフィール

意味のある刺激の視覚的な認知や文脈理解，非言語的な推理，計画性の能力における困難さが示唆される。

　そこで，本症例の知的機能の特徴をより客観的にとらえるために適用した DN-CAS の標準得点は，同時処理122（優秀域：strength: S, p＜0.05），継次処理115（普通域上位，no significant：ns），プランニング102（普通域，ns），注意95（普通域：weakness: W, p＜0.05）で，全検査111（普通域上位）ではあるが，標準得点プロフィールは図7-5に示す通りであり，プランニングと注意が低く，同時処理と継次処理が高い ADHD のパターンを示唆していると考えられる。ちなみに，同時処理が高く継次処理が低いのが限局性学習症（Specific Learning Disorder：SLD）のパターンである。また，各下位検査の評価点は，プランニング（数の対探し14: S, p＜0.05，文字の変換9，ns，系列つなぎ8，ns），同時処理（図形の推理15，ns，関係の理解12，ns，図形の記憶13，ns），注意（表出の制御9，ns，数字探し11，ns，形と名前8，ns），継次処理（単語の記憶14，ns，文の記憶12，ns，統語の理解11，ns）で，評価点プロフィールは，図7-6に示す通りである。本症例のように，ADHD による認知機能における困難さの特徴は，

DN-CAS によって客観的に把握することが可能となる（小海，2019）。

3-3　アルツハイマー病による軽度認知障害

ここではアルツハイマー病による軽度認知障害（Mild Neurocognitive

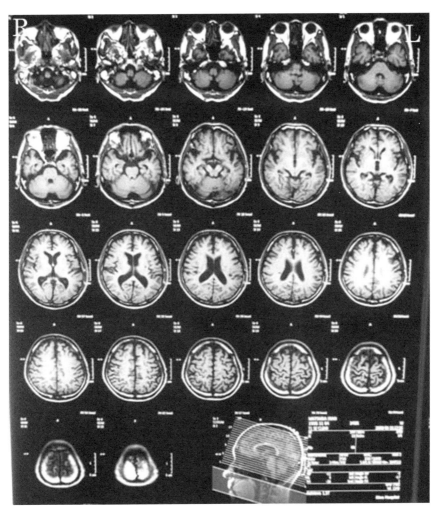

図7-7　Mild NCD due to AD 症例の頭部 MRI（T1 強調画像）

Disorder Due to Alzheimer's Disease：Mild NCD due to AD）の73歳男性（右手利き）の症例を紹介する。

　症例の頭部 MRI は図 7-7 に示す通りで，両側海馬傍回の萎縮や脳室の拡大が認められる。SPECT[6]では，右後部帯状回，海馬，左楔前部の血流低下が認められ，初期のアルツハイマー病が示唆された。

　神経心理検査の結果は，MMSE は総得点27/30（normal range）で，見当識9/10（日付），遅延再生1/3（cue ありでも不可）（MMSE にはヒントの概念はない

表 7-2　Mild NCD due to AD 症例の神経心理学的検査結果概要

MMSE	総得点	27/30	normal range
	見当識	9/10	日付で失点
	遅延再生	1/3	cue ありでも不可
ADAS-Jcog.	総失点	8.6/70	
	単語再生	4.3/10	正答数5-6-6
	見当識	2/8	日付，曜日で失点
	単語再認	2.3/12	正答数11-8-10，虚再認3-0-1
CDT	command CDT	10/10	
	copy CDT	10/10	
TMT	part A の遂行時間	79″	基準年齢群70-79歳：45.58±18.91秒
	part A のエラー数	0	
	part B の遂行時間	234″	基準年齢群70-79歳：152.59±88.42秒
	part B のエラー数	1	
	part B / part A	2.96	基準年齢群70-79歳：3.49±1.76
RBMT	姓	0/2	
	名	0/2	
	持ち物	1/4	
	約束	1/2	
	絵	8/10	
	物語（直後）	11.5/25	
	物語（遅延）	8.5/25	
	顔写真	3/5	
	用件（遅延）	2/3	
	見当識	8/9	
	日付	0/1	
	標準プロフィール点	11/24	60歳以上の cut off 値 15/16
	スクリーニング点	3/12	60歳以上の cut off 値 5/6

➡ 6　単光子放射コンピュータ断層撮像のことで，脳血流動態を測定できる。

が，HDS-R の遅延再生のように実施して，ヒントを与えて正答する場合は軽度認知障害，ヒントを与えても解答できない場合は認知症の可能性が高くなる）で失点が認められ，ADAS-Jcog. は総失点8.6/70で，単語再生4.3/10（5-6-6：学習効果を認めず，記憶容量の低下），見当識2/8（日付，曜日），単語再認2.3/12（11-8-10，虚再認3-0-1：記憶の再崩壊や干渉の抑制障害）でそれぞれ失点が認められ，CDT の結果は，command CDT 10/10，copy CDT 10/10であり，TMT 結果は，part A 79″（基準年齢群70-79歳：45.58±18.91秒）：error 0，part B 234″（基準年齢群

図7-8 Mild NCD due to AD 症例のバウムテスト結果

70-79歳：152.59±88.42秒）：error 1，part B / part A 2.96（基準年齢群70-79歳：3.49±1.76）でカテゴリーセットの転換障害が認められ，RBMT の結果は，姓0/2，名0/2，持ち物1/4，約束1/2，絵8/10，物語（直後）11.5/25，物語（遅延）8.5/25，顔写真3/5，用件（遅延）2/3，見当識8/9，日付0/1で失点が認められ，標準プロフィール点11/24（60歳以上の cut off 値15/16），スクリーニング点3/12（60歳以上の cut off 値5/6）でいずれも cut off 値以下であった（表7-2）。これらのテストバッテリーの結果から，聴覚言語性記銘力，視覚性記銘力，展望（予定）記憶，行動記憶，ワーキングメモリー，遂行機能，カテゴリーセットの転換，干渉の抑制，時間的見当識の多岐にわたる障害が考えられ，両側海馬，左前頭葉腹内側，前頭前野，前頭葉背外側面周辺領域の機能低下が推測される。一方，衣食住にかかわる生活障害を認めないとのことから，DSM-5 診断基準によるアルツハイマー病による軽度認知障害が示唆された。しかし，さらに SPECT で認められた後部帯状回および楔前部の血流低下を反映した視空間認知構成の障害や，今後様々な生活障害も加わり，アルツハイマー病による認知症へ移行する可能性が高いとも考えられ，バウムテスト（図7-8）からは，地面の強調やストロークの重ね描きから，認知機能の低下や将来に対する不安を強く感じているともとらえられる。したがって，積極的に抗

認知症薬の導入が必要であろうし，うつ病の合併にも留意しながら定期的に短期間でフォローすることが大切であると考えられよう（小海，2019）。

　本章では，心と脳の関係を探る神経心理学的アセスメントについて概説した。公認心理師にとっては，まず神経心理検査を適切に実施し，脳機能を含めた適切な解釈ができることが大切となるため，以下に紹介する文献も参考にして理解を深めよう。

> ❖考えてみよう
> 　本章で紹介した神経心理学的アセスメントを適用した症例について，それらの結果から高次脳機能障害を抱える人にどのような心理的支援を行えばよいのかを考えてみよう。

　📖もっと深く，広く学びたい人への文献紹介

松田　修・飯干　紀代子・小海　宏之（編著）（2019）．公認心理師のための基礎から学ぶ神経心理学——理論からアセスメント・介入の実践例まで——　ミネルヴァ書房
　　☞公認心理師となるための学部の法定科目である「神経・生理心理学」を修得するのに適した神経心理検査を実施する際の基礎的なテキストである。
小海　宏之（2019）．神経心理学的アセスメント・ハンドブック　第2版　金剛出版
　　☞臨床現場でよく使用される約70種類の神経心理検査および解釈法が網羅された所見を書くうえで必携の専門的なテキストである。
山鳥　重（1985）．神経心理学入門　医学書院
　　☞神経心理検査を実施する際に知識として必要となる神経心理学を広く深く学ぶうえで必携の専門的なテキストである。

引用文献

American Psychiatric Association (2013). *Diagnostic and Statistical Manual of Mental Disorders, Fifth Edition.* Arlington, VA: American Psychiatric Association.
　（アメリカ精神医学会　日本精神神経学会（監修）髙橋　三郎・大野　裕（監訳）（2014）．DSM-5 精神疾患の診断・統計マニュアル　医学書院）

Brodmann, K.（1909）. *Vergleichende Lokalisationslehre der Großhirnrinde: in ihren Prinzipien dargestellt auf Grund des Zellenbaues.* Leipzig: Verlag von Johann Ambrosius Barth.

小海 宏之（2019）．神経心理学的アセスメント・ハンドブック 第2版 金剛出版

小海 宏之（2022）．⑩脳・神経 2：脳神経系の機能 松本 真理子・永田 雅子（編） 公認心理師基礎用語集 改訂第3版：よくわかる国試対策キーワード（pp. 62-63） 遠見書房

小海 宏之・清水 隆雄・石井 博・近藤 元治・亀山 正邦（2004）．脳梁欠損症の欠損程度とWAIS-Rとの関連 第28回日本神経心理学会総会予稿集，73.

Rouleau, I., Salmon, D. P., Butters, N., Kennedy, C., & McGuire, K.（1992）. Quantitative and qualitative analyses of clock drawings in Alzheimer's and Huntington's disease. *Brain and Cognition, 18*, 70-87.

第Ⅲ部

各領域における心理的アセスメントの特徴と方法

第8章 医療領域の心理的アセスメント
——チーム医療に生かし，支援につなげる

小辻希世子・和田野飛鳥

> 　医療領域において公認心理師が出会うのは，様々な年代の身体的・精神的な疾病を持つ，もしくは疾病が疑われる人々とその関係者である。このため，心理的アセスメント・心理的支援はそれらの疾病の「治療」の文脈に大きく関係する。心理的アセスメントの中では心理検査が使われる機会も多く，公認心理師はテスターとしての役割を期待されることも多い。さらに公認心理師は，日常的に様々な医療・福祉の専門職と情報を共有しながら，医療チームの一員として心理的支援を行う。本章では，こうした医療領域の特徴を概観し，心理検査を用いた心理的アセスメントの実際について事例を通して紹介する。

1　医療領域の基礎知識

1-1　医師の業務と公認心理師の関係

　医療領域では医師の診断や治療方針のもと，各職種がそれぞれの専門性を発揮しながら患者の治療にかかわっている。公認心理師法第42条（連携等）で示されているように，公認心理師はクライエントに主治の医師がいた場合は，その医師の指示を受けなければならない。とくに医療領域において医師とのかかわりは必須であるが，実際の現場では医師からの指示通りに公認心理師が動くという一方向の関係性ではなく，依頼を受けた公認心理師が医師の治療方針の意図を汲み取って介入の手法，あるいはテストバッテリーを決定することも多く，得られた心理的アセスメントや介入の経過を報告しながら，医師とともに

今後の方針を話し合うという**双方向の関係性**がある。精神科だけでなく小児科や成人の身体疾患を主として扱う科の医師からも，公認心理師へ心理的アセスメントや心理的支援の依頼があるが，医師の専門とする科や経験によって，公認心理師の扱う領域や専門性の理解度に差があることもある。そのため心理的アセスメントを報告・共有する際は，どのような用語を用いると伝わりやすいかを考慮し選択することも大切である。

1-2　医療保険制度と心理検査

　医療領域で働くうえで切り離せないものが，**医療保険制度**と**診療報酬**である。医療保険制度上で規定された診療報酬は，医療機関が行った診療行為などの医療サービスの対価として支払われるものであり，個々の診療行為の価格が点数（1点＝10円）で定められ2年に一度改訂される。心理検査については「医師が自ら，又は医師の指示により他の従事者が自施設において検査及び結果処理を行い，かつ，その結果にもとづき医師が自ら結果を分析した場合にのみ算定する」（令和4年度診療報酬点数より抜粋）と規定されており，最終的には医師が結果を分析する必要はあるものの，検査実施や結果処理自体は公認心理師が単独で行うことができる。心理検査は「**発達及び知能検査**」「**人格検査**」「**認知機能検査その他の心理検査**」という3つのカテゴリーに分類され，検査実施および結果処理に要する時間によって診療報酬の点数も3段階に分けられている。なお，同一日に複数の検査を行った場合であっても，3つのカテゴリーからそれぞれ1種類ずつ，合計3つのみが算定可能となっている（2023年7月現在）。診療報酬算定が可能な検査を一部抜粋し，カテゴリー・診療報酬点数をまとめたものが表8-1である。診療報酬として点数が定められていない検査であっても必要なものを使用することは多々あるが，診療報酬点数を考えながらテストバッテリーを組むことも医療機関に所属する公認心理師には求められている。

表8-1　診療報酬点数表

カテゴリーと診療報酬点数	発達及び知能検査	人格検査	認知機能検査その他の心理検査
操作が容易なもの 80点	津守式乳幼児精神発達検査 牛島乳幼児簡易検査 日本版ミラー幼児発達スクリーニング検査 遠城寺式乳幼児分析的発達検査 デンバー式発達スクリーニング DAM グッドイナフ人物画知能検査 フロスティッグ視知覚発達検査 脳研式知能検査 コース立方体組み合わせテスト レーヴン色彩マトリックス JART	パーソナリティ・インベントリー モーズレイ性格検査 Y-G 矢田部ギルフォード性格検査 TEG-II 東大式エゴグラム 新版 TEG-II TEG-3	(イ)簡易なもの MAS不安尺度　　MEDE多面的初期認知症判定検査 AQ日本語版　M-CHAT　　日本語版LSAS-J 長谷川式知能評価スケール　　MMSE (ロ)その他のもの CAS不安測定検査　　SDSうつ性自己評価尺度 CES-Dうつ病(抑うつ状態)自己評価尺度　　HDRS ハミルトンうつ病症状評価尺度　　STAI状態・特性不安検査　POMS　　POMS 2　　IES-R　　PDS TK式診断的新親子関係検査　　CMI健康調査票 GHQ精神健康評価票　　ブルドン抹消検査　　WHO QOL26　COGNISTAT　SIB　Coghealth(医師、看護師または公認心理師が検査に立ち会った場合に限る)　NPI　　BEHAVE-AD　　音読検査(特異的読字障害を対象にしたものに限る)　　WURS MCMI-II　MOCI邦訳版　DES-II　EAT-26 STAI-C状態・特性不安検査(児童用)　　DSRS-C 前頭葉評価バッテリー　　ストループテスト MoCA-J　CDR
操作が複雑なもの 280点	MCC ベビーテスト PBT ピクチュア・ブロック知能検査 新版K式発達検査 WPPSI 知能診断検査 WPPSI-III 知能診断検査 全訂版田中ビネー知能検査 田中ビネー知能検査V 鈴木ビネー式知能検査 WISC-R 知能検査 WAIS-R 成人知能検査(WAIS を含む) 大脇式盲人用知能検査 ベイリー発達検査 Vineland-II 日本語版	バウムテスト SCT P-F スタディ MMPI TPI EPPS 性格検査 16P-F 人格検査 描画テスト ソンディ・テスト PIL テスト	ベントン視覚記銘検査　　内田クレペリン精神検査 三宅式記銘力検査　　標準言語性対連合学習検査(S-PA)　ベンダーゲシュタルトテスト　　WCST ウィスコンシン・カード分類検査　　SCID構造化面接法　　遂行機能障害症候群の行動評価(BADS)　　リバーミード行動記憶検査　　Ray-Osterrieth Complex Figure Test (ROCFT)
操作と処理が極めて複雑なもの 450点	WISC-III 知能検査 WISC-IV 知能検査 WISC-V 知能検査 WAIS-III 知能検査 WAIS-IV 知能検査	ロールシャッハテスト CAPS TAT絵画統覚検査 CAT 幼児児童用絵画統覚検査	ITPA　　SLTA標準失語症検査　　SLTA-ST標準失語症検査補助テスト　　SPTA標準高次動作性検査 VPTA標準高次視知覚検査　　CAT・CAS標準注意検査法　　標準意欲評価法　　WAB失語症検査 DD2000老研版失語症検査　　K-ABC　K-ABCII WMS-R　　ADAS　　DN-CAS認知評価システム 小児自閉症評定尺度　　発達障害の要支援度評価尺度(MSPA)　親面接式自閉スペクトラム症評定尺度改訂版(PARS-TR)　子ども版解離評価表

2　医療に必要とされる心理的アセスメント

2-1　医学的診断の補助手段としての心理的アセスメント

　医学的診断を補助する手段としての心理的アセスメントでは，心理検査を用いることが主となる。知的水準や認知機能の把握が診断の一助となるだけでなく，精神疾患の症状の程度や病態水準の判断材料の一つとして心理検査の結果を用いる場合もある。具体的には，投薬内容の検討，診断書作成や，**療育手帳**や**精神障害者保健福祉手帳**（高次脳機能障害や発達障害の診断も対象となる）の申請，**成年後見制度**の申請などの各種手続きや，未熟児で出生した子どもの発達フォローアップ，認知症疾患医療センターの鑑別診断，高齢者の免許更新可否の判断の一助，などが挙げられる。

　医学的診断を補助する手段として心理検査を行う場合，対象となるクライエントは医師から目的などを伝えられたうえで心理検査の場に臨んでおり，簡単な**インフォームド・コンセント**（検査実施の説明と受検の同意）はすでに済まされている。しかし，公認心理師は検査や面接の目的をあらためて説明し，クライエントの同意を確認したうえでアセスメントを行う必要がある。"診断の補助"という立場ではあるが，医療領域における心理的アセスメントは各種制度の利用や司法にかかわる処遇といった，一人の人生を左右するような判断にかかわることであり，公認心理師の責任は非常に重いことを忘れてはならない。

2-2　生活の質を高める手段としての心理的アセスメント

　医療領域の心理的アセスメントは診断の補助だけでなく，クライエントの支援の方向性を決め，生活の質（QOL：quality of life）の向上を目指すためにも用いられる。心理的アセスメントは心理検査や心理面接など直接クライエントと接するものにとどまらず，多元的で幅広い。生育歴を含めた患者情報，観察なども合わせた**ケース・フォーミュレーション**（仮説の修正を行いながら見立てをまとめていく作業）を行うことが大切である。また，チーム医療として活動

する中で，クライエントに公認心理師が直接かかわっていない場合でも，コンサルテーションという形で多職種から寄せられた情報にもとづいて心理的アセスメントを求められることも多い。クライエント個人の心理的特徴を把握するだけでなく，クライエントとかかわる多職種との関係性や，場や状況の理解など，全体を俯瞰する視点が公認心理師には必要であり，チーム医療で発揮したい特色といえる。

　心理的アセスメントを行う際の，クライエントへのフィードバック，かかわる家族やともに支援する多職種への情報共有などは，他の領域と共通する。精神疾患や知的障害，発達障害，高次脳機能障害や認知機能障害などの症状や疾患とどう付き合っていくか，より良く生きていくためにどうすればいいのかをアセスメントを通じてともに考え，理解を深めていくことが大切である。医療者からの説明がクライエントの理解力に合うよう工夫したり，服薬の自己管理や適切な食事の準備がどの程度可能かを判断したり，社会資源の必要度を考えたりする際に，心理的アセスメントを活用することにより，クライエントの治療への意欲を支えたり，病状理解をサポートしたり，療養生活の維持向上の一助となったりする。また，継続するかかわりの間，絶えず心理的アセスメントを行っているが，症状の経過を把握するために一定期間をおいて心理検査を用いることもある。

3　様々な医療分野で求められる心理的アセスメント

3-1　医療分野におけるアセスメントの目的

　心理的アセスメントは精神科のみならず，小児科・心療内科・神経内科・緩和ケア科・リハビリテーション科などの身体各科でも求められている。これは，今日の医療が**全人的医療**という言葉に表されるように，医療者が身体の疾病だけでなくクライエントの心の側面にも焦点を当て，全人的に理解しようとしていることを示している。

　心理的アセスメントが求められる理由は，**コンプライアンス**の悪さやかかわ

表 8-2　精神科臨床における心理アセスメントの6つの視点
（および各視点におけるポイント）

Ⅰ　トリアージ	Ⅳ　パーソナリティ
A．自傷他害の程度 B．急性ストレス（悪化しているか）なのか 　　慢性ストレスか C．トラウマの有無 　　（含む complex PTSD） D．援助への動機や期待の程度 E．いま自分が提供できる援助リソース	A．パーソナリティ特徴（とくによい資質） B．自己概念・他者認知を含む認知の特徴 C．ストレス・コーピング D．内省力の程度 E．感情状態
Ⅱ　病態水準	Ⅴ　発達
A．病態水準と防衛機制 B．適応水準 C．水準の変化 D．知的水準と知的な特徴 　　（とくに動作性能力） E．言葉と感情のつながり具合	A．平均的な発達 B．思春期や青年期の特徴をはじめとする年 　　代ごとの心理的な悩み C．年代に特有の症状の現れ方 D．発達障害傾向の有無とその程度 　　（発達の偏り） E．ライフ・プラン
Ⅲ　疾患にまつわる要素	Ⅵ　生活の実際
A．器質性障害・身体疾患の再検討 B．身体状況の再検討 C．薬物や環境因（大気など）による影響の 　　可能性 D．精神障害概念の再検討 E．症状をどのように体験しているか	A．地域的な特徴 B．経済的な面 C．物理的な面（地理，家屋など） D．生活リズム E．家族関係を含む対人関係

（出所）津川（2020）

りの難しさが多く，クライエントのこうした心理的問題を多角的に理解することが必要となるためである。参考として「精神科臨床における心理アセスメントの6つの視点」を表 8-2 に示す（津川，2020）。心理検査を用いて把握できるのは，これらの視点の中の一部の側面であり，その結果から得られた情報と，面接や関係者からの聞き取りなどで得た他の情報を合わせてクライエントを理解していくことになる。

　各診療科から心理検査の実施を求められる場合，主科によって把握したい心理的側面には違いがあり，使用する心理検査もそれに応じたものとなる。精神科では，診断の補助や症状や経過の把握のため，知的水準や認知機能，病態水

準，性格傾向，不安・抑うつの程度など，幅広い精神機能の評価をすることになる。小児科では主に発達・知的水準，発達障害の特性，性格傾向や摂食障害の評価を行う。神経内科やリハビリテーション科では記憶や注意などの高次脳機能の評価を求められる。所属する医療機関の機能，公認心理師が連携する診療科によって，日常的に扱う主な心理検査の種類にも違いが生じる。

がん医療では，全人的な症状緩和を目指した**包括的アセスメント**が行われる。包括的アセスメントでは，①身体症状（疼痛・倦怠感・呼吸困難感・ADL 等），②精神症状（せん妄・うつ病・認知症等），③社会経済的問題（経済的・介護・就労の問題），④心理的問題（ストレス反応・病気の理解・パーソナリティ等），⑤実存的問題（生きる意味・生き方）の順にアセスメントを実施する（津川・岩満，2018）。

がん医療に限らず心理的アセスメントの際は，まず覚醒水準といった身体状況の影響の見落としを避けなければならない。器質的な問題が除外されない状況で心理検査を実施する場合もあり，クライエントが身体的な症状や異常な眠気を訴えるなどして実施が困難なときには，家族やかかわるスタッフから症状が出現する状況を聞き，検査を保留にするかどうかといった対応を医師に相談することが望ましい。ぼんやりした様子や傾眠の背後に，せん妄・脱水・硬膜下血腫・脳腫瘍・水中毒による電解質異常などの器質的な問題があることもあり，身体疾患を持つ人や，高齢者ではとくに注意が必要である。

公認心理師が検査時の様子に違和感を覚え，器質的な検査を優先し心理検査を保留したケースをプライバシーに配慮し，適宜改変を加えながら紹介する。

Aちゃん（6歳）は，頭痛を訴え両親とともに小児科を受診した。脳波に異常はなく鎮痛剤を処方されたが，頭痛は改善されず小学校への登校を嫌がり始めた。再度小児科を受診したとき，Aちゃんは視線が定まらずぼんやりとしており，主治医（小児科）は頭部の MRI と CT，眼科受診の指示を出し，発達面の評価として心理検査も依頼した。予約枠の都合上，MRI や CT の前日に眼科受診と心理検査を行うことになった。心理検査のために入室したAちゃんは，積木などで遊ぼうと公認心理師に誘われても，しくしく泣いて首を横に振って

いた。カルテには，眼科の検査中に瞼がどんどん下がっていき，開眼の保持が
難しかったという記録があった。両親はＡちゃんを心配し，早く原因を知りた
いと心理検査の実施を希望していた。Ａちゃんの様子から，検査実施は負担に
なることは明らかだった。また，無理に心理検査を行った後にＡちゃんに器質
的疾患が見つかった場合は，両親に自責の念が生じる可能性もあり，公認心理
師は検査実施のメリットよりもデメリットが上回ると考えた。そこで主治医に
相談のうえ，器質的な検査結果が出揃うまで心理検査を延期することにした。
その後，画像検査によりＡちゃんの脳腫瘍が発見され，治療が開始された。

3-2　医療分野で実施される代表的な検査とテストバッテリー

テストバッテリーは，精神機能のどの側面をとらえたいかを考えたうえで，
適宜組み替えることが重要である。基本の検査バッテリーとしては，発達・知
的水準の把握ではウェクスラー式知能検査（WAIS-IV，WISC-V 等），新版Ｋ
式発達検査，田中ビネー知能検査Ｖなどを実施する。情緒面の評価では描画テ
ストを併用したり，発達障害を疑う場合は親面接式自閉スペクトラム症評定尺
度改訂版（PARS-TR）などを加えることもある。病態水準についてはロール
シャッハテストや文章構成法（SCT），P-F スタディ等の投影法に性格検査の
TEG（東大式エゴグラム）や Y-G 性格検査などの質問紙法を組み合わせる。認
知機能検査については，スクリーニングで負担の少ない改訂長谷川式簡易知能
評価スケール（HDS-R）や MMSE，MoCA-J などを用いた後，追加検査を検
討することが多い。各種申請に用いられる診断書は，自治体から必要な検査が
指定されている場合があり注意を要する。不安や抑うつの程度の測定には質問
紙検査が多いが，描画テストを加えることで複数の側面からの情報を得ること
ができる。また，検査の所要時間など，クライエントの負担を考慮してテスト
バッテリーを組むことも大切である。とくに投影法では検査自体が刺激となり，
クライエントの内面を活性化させる特性がある。場合によっては，情緒が不安
定になったり思考が過度に活発になったりと，クライエントの内面の混乱につ
ながるリスクもあり，慎重な判断が求められる。

　診療科を問わず，コンプライアンスの悪さがある場合には，性格傾向の検査よりも，先に理解力の確認のため知的水準や認知機能の検査を試みる必要がある。テストバッテリーは課題の性質，所要時間を考えて実施の順番を決め，クライエントの様子に応じて変更する柔軟さも求められる。なお，テストバッテリーはこれが一番という正解はなく，クライエントの利益と負担の割合を考えながら選択することが大切である。

4　心理検査を用いた心理的アセスメントの実際

4-1　検査実施から報告へ

　医療領域での心理検査のニーズは，クライエント自身，その家族，多職種からと様々であるが，実施には医師の指示が必要である。検査の前には，依頼者のニーズを直接確認し，カルテ等から情報収集を行う。主治医には，必要に応じて公認心理師から依頼事項の確認や，テストバッテリーの提案を行う。実施の際，入院しているクライエントであれば，身体状況やその日のスケジュールも配慮する事柄に含まれる。

　精神症状や疲労などにより集中力が保てない，身体疾患により姿勢維持が困難等の理由で，検査の中止や分割で実施せざるをえない場合もある。この場合，検査の性質を理解したうえで，通常の方法と違う形であったことをふまえて所見を作成する。通常の検査実施ができなかったということも情報として大切である。

　検査実施後は，まず公認心理師から医師に検査結果を報告し，医師からクライエントやその家族に説明を行う。外来ではクライエントの受診日に合わせて，医師が結果を確認できる時間的余裕を考えたうえでの報告が必要である。詳しい説明の希望があれば，公認心理師がフィードバックを行うが，その際聞き手の理解度を確認して，文章や図を用いる場合もある。医師以外の多職種には，公認心理師が結果をフィードバックし，支援方法の工夫をともに考える。心理検査実施の流れを図8-1に示す。

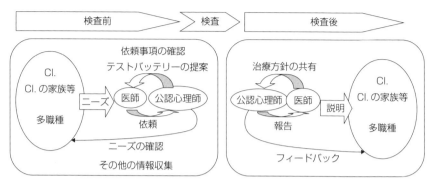

図 8-1　心理検査実施の流れ

（注）Cl.＝クライエント

4-2　抑うつ気分を呈した事例（架空事例）

抑うつ気分を呈した事例について，精神科・身体科からそれぞれ紹介する。

精神科の事例

　50代女性のBさん（夫と二人暮らし）は不眠と体のだるさを訴え，1か月ほど近所の内科を受診していたが，処方されていた睡眠薬をまとめて服用したことで，精神科に**医療保護入院**となった。精神科医によるうつ病の診断のもと，抗うつ剤と睡眠薬が処方され，睡眠時間の確保，食欲も回復した。しかし，診察場面では不眠と被害的な訴えが残存し，主治医より病態水準と性格傾向の把握を目的に心理検査が依頼された。公認心理師は，ロールシャッハテスト・描画テスト・TEG・SDSうつ性自己評価尺度のテストバッテリーを組み，本人の同意を得て検査を実施した。理解力には問題はみられず，SDSでは中等度の抑うつを示したが，ロールシャッハテストでは内的な活動性の極端な低下はうかがえなかった。精神病水準ではないと考えられたが，ストレス時にネガティブな反応が出やすいことが推測された。診察では主治医からBさんにストレスへの弱さを中心に結果の説明がなされた。公認心理師はTEGの結果を中心に，責任感が強く自己評価が低い傾向についてBさんと話し合った。その後，**退院後生活環境相談員**（選任された精神保健福祉士：以下，PSW）による面談で，Bさんが近隣に住む高齢の義父母の家事支援を担っており，認知機能の低下が

疑われる義父母への対応を，誰にも相談できず一人でこなしてきたことが語られた。PSW は，義父母への介護サービスの導入を検討するために，夫を交えて**ケアマネジャー**の介入を段取りし，Ｂさんの負担を減らす環境調整を行った。また，Ｂさんから医師に「自分自身のことを考えてみたい」と希望があり，主治医と相談のうえ，退院後も公認心理師によるカウンセリングを継続することになった。

　薬物療法を中心とした初期の入院治療を経た後，心理検査によりＢさんの自己理解が深まり，並行して PSW が介入したことにより退院に向けた支援が組み立てられた。また，検査結果の共有がカウンセリング導入のきっかけとなり，Ｂさんの退院後の治療継続の動機づけになった。

身体科の事例

　70代女性のＣさん（独居）は心不全治療のために入院しているが，気持ちが落ち込んでいるようだと気づいた看護師が，Ｃさんの主治医（循環器内科）に相談し，公認心理師へカウンセリングが依頼された。初回面接の中で「心の中で思っていることが声になって聞こえてくる」と幻聴を疑うような発言があり，公認心理師は主治医へ病態把握のため心理検査を提案し，Ｃさんの同意を得てロールシャッハテストを実施した。反応数は平均的であったが，自由反応段階で出した反応を質疑段階で忘れることが何度もあり，反応の保続傾向も見られた。テストバッテリーとして行ったベンダーゲシュタルトテストでは，構成に崩れが見られた。公認心理師は，器質的あるいは知的要因が絡んでいることを疑い，主治医へ報告のうえ，WAIS-IV と MoCA-J を追加実施した。WAIS-IV では境界域の知能を示しており，処理速度の低さが目立った。MoCA-J は15/30点とカットオフ値を下回っていた。別居しているＣさんの娘に聴き取りをすると，最近もの忘れが気にかかっていたこと，以前は工場勤務で作業をしていたことが情報として得られた。これらのことから，どこかの時点で能力が低下した可能性が高いと考えられた。公認心理師は検査結果から①認知機能の

➡1　精神保健福祉士の英語訳は Psychiatric Social Worker とされていたが，日本精神保健福祉士協会は，Mental Health Social Worker（MHSW）に変更している。

低下が疑われること，②認知機能低下によって意欲低下が生じている可能性が高いこと，③在宅療養のためにも認知機能の精査や診断が望ましいことを主治医へ報告した。その後神経内科にて，CTと脳血流シンチグラフィ（SPECT）で精査がなされた（植込みペースメーカーがMRI非対応のため，MRIは撮影できなかった）。その結果，前頭葉の軽度萎縮と側頭葉の血流低下が確認され，**前頭側頭型認知症**と診断された。院内のケースワーカーも支援に加わってCさんや家族と話し合い，在宅療養維持のため**訪問看護**の利用を考えて**介護保険の申請**を行うこととなった。

　心理検査を行うことにより，抑うつ気分の背景にあった問題が新たに浮かび上がり，治療や在宅療養支援についての方向性に生かされた。

4-3　知能検査を用いた事例（架空事例）

知能検査を用いた事例について，精神科・身体科からそれぞれ紹介する。

精神科の事例

　30代男性のDさん（両親と同居）は，大学在学中の20代のときに幻聴と被害妄想の症状により統合失調症と診断された。入院治療の後，外来にて**精神科デイケア**を利用しており，今後は就労を希望している。デイケアでは，ときに一方的な会話から対人トラブルを招き，その度にCさんはやや被害的な訴えをしていたが，スタッフの対応で修正は可能であった。デイケア担当スタッフより，支援の参考のため心理検査が提案され，主治医の指示により公認心理師が知能検査を実施した。WAIS-IVの結果によりFSIQは平均の下であったが，指標得点ではワーキングメモリーと処理速度が有意に低かった。Dさんは聴覚的注意力の弱さから，複数での会話の流れを理解しにくいこと，手先がやや不器用で他者と同じように作業をこなせない特性があり，そのために自信がなく，被害的にとらえやすいことが推測された。また，ベースに自閉スペクトラム症（ASD）が疑われないかという関係スタッフの意見があり，母親の協力によりPARS-TRを実施した。その結果ASD傾向は多少あったが，それよりも幼少時から不安の高い傾向があったことがわかった。数は少なかったが親しい友人

が存在し，母親の印象では一対一のコミュニケーションでは問題が見られず，そのことはデイケアで観察される対人関係とも一致していた。検査結果は主治医がDさんと母親へ説明し，公認心理師からもフィードバックを行った。また，他のデイケアスタッフ（PSW・看護師・作業療法士）には公認心理師がカンファレンスで報告した。その後，**就労支援事業所**を利用することとなり，紹介時には不安軽減のためデイケアのPSWが同行した。Dさんの持参した検査結果にもとづき，就労にあたって配慮が必要な事柄について本人を含む全員で共有した。

　心理検査によるDさんの知的側面の特性と母親からの情報，現在のデイケアでの行動観察を合わせた理解とその共有が，Dさんの目指す「就労」の支援につなげられた。

身体科の事例

　10代女性のEさん（専門学校進学に伴い実家を出て一人暮らし）は，Ⅰ型糖尿病で血糖コントロールがうまくいかず**教育入院**（疾病教育のための期間が限定された入院）中である。Eさんは病棟看護師に対して，「どうして自分だけが我慢しないといけないのか」と涙を流して語っており，対応について一緒に考えてほしいと主治医から公認心理師へ依頼があった。初回面接では，新生活がスタートし友だちづきあいの中で自分だけ飲食が制限されることの辛さ，Ⅰ型糖尿病への周囲の理解が不十分で自分の努力不足と誤認されることへの怒りなどが表出された。また，はじめての一人暮らしで孤独感も強まっていた。Eさんが食べたいものをある程度食べられるようにと，主治医はカーボカウント（糖尿病における食事療法の一つ）を導入したが，食べ過ぎたりインスリンを打ち過ぎたりし血糖コントロールに難渋していた。公認心理師はより良い治療を行うために，Eさんの能力を把握する必要性を主治医へ伝え，本人の同意を得て知能検査を実施した。WAIS-Ⅳの結果FSIQが70であり，指標得点ではワーキングメモリーが有意に低かった。下位検査項目では「算数」が有意に低く，2桁の掛け算や割り算では誤りが生じていた。検査結果から，①診察場面などで口頭の説明が長いと，十分に聞き取れなかったり理解しきれなかったりする可

能性があること，②暗算でカロリー計算などをするのが難しいことが推測され，スマートフォンの電卓機能の利用なども考慮してはどうかと主治医や看護師に報告・提案した。Eさんにも，聞いて覚えることや暗算の不得意さなど，糖尿病治療にかかわる部分を重点的に公認心理師がフィードバックした。孤独感を強めるEさんを支援するため，公認心理師は病棟看護師と協力してⅠ型糖尿病のパンフレットを集め，Eさんが友だちに病気を正しく説明するためのツールを増やせるようにした。また，カウンセリングを通じて公認心理師と一緒に病気に対処する工夫などを考えていくことをEさんに提案した。

　糖尿病治療を続けるクライエントを支えるために，知的側面について心理的アセスメントを行い，多職種と共有することでクライエントへの共通認識が得られ，より良い多職種協働が可能となった。

　以上の事例で示したように，医療における心理的アセスメントは，クライエントを理解し，支援の方向性を決めることにとどまらない。かかわる多職種と結果を共有することによって，支援の拡がりにもつながっていく。病とともに生きるクライエントのQOL向上のため，医療現場では様々な職種が支援を行っており，そこに生かされる心理的アセスメントが求められている。所属する医療機関（場）の特徴を把握し，連携する多職種を理解する力，クライエントやかかわる医療スタッフなどを含めた関係性をアセスメントする力も公認心理師には期待されている。

❖考えてみよう

　うつ病ではじめて精神科に入院した20代（会社員）の心理検査の依頼があった。①検査前にどのような準備をするか。表8-2を参考に押さえたい情報を考えてみよう。②検査の結果，知的能力が境界域とわかった。退院後の生活のために公認心理師は何ができるか，事例も参考に考えてみよう。

📖もっと深く，広く学びたい人への文献紹介

　大橋　順・桜井　亮太（監訳）千葉　喜久枝（訳）（2017）．ひと目でわかる　体のし

　くみとはたらき図鑑　創元社
　　☞身体の構造やホルモンなどの働きなど，器質的な側面でのアセスメントの
　　一助になる。
津川　律子（2020）．改訂増補　精神科臨床における心理アセスメント入門　金剛
　　出版
　　☞心理的アセスメントを多角的に行うために大切な視点を，事例を交えなが
　　ら学ぶことができる。
古賀　恵里子・今井　たよか（編著）（2022）．健康・医療心理学——ウェルビーイ
　　ングの心理学的支援のために——　ミネルヴァ書房
　　☞医療・保健領域での公認心理師の働きについて幅広く知ることができる。

引用文献

診療点数早見表　［医科］2022年4月現在の診療報酬点数表（2022）．医学通信社
津川　律子（2020）．改訂増補　精神科臨床における心理アセスメント入門　金剛
　　出版
津川　律子・岩満　優美（2018）．医療領域　鶴　光代・津川　律子（編）シナリオ
　　で学ぶ心理専門職の連携・協働——領域別にみる多職種との業務の実際——
　　誠信書房

第9章　福祉領域の心理的アセスメント
──支援を見据えた見立てと理解

伏見真里子

> 　この章では，アセスメントの実際について，事例を交えて具体的に解説する。
> 支援の方向や方法は様々であり，絶対的な真理というものはないだろう。その
> うえで，より良い支援の方向や方法を見出すためにアセスメントを行う。同じ
> 主訴であっても，要支援者の年齢や発達の状況・特性，置かれている環境，そ
> の中での要支援者の気持ち等によって問題の発生の機序や支援の方向・方法は
> 異なってくる。ここに事例は挙げるが，それが唯一の回答ということではない
> ので，その点には留意して読み進めていただきたい。

1　児童福祉──子どものアセスメントの特殊性と具体例

1-1　見立てと効果的な支援

　児童相談の場に持ち込まれる相談は千差万別である。病院臨床の場面ならば，
医療に関する相談だろうし，後述する障害者福祉や女性相談の場でも対象や相
談は絞られている。対象と相談が絞られれば，テストバッテリーはある程度固
定され，アセスメントの目的も限定的なものになってくる。それにくらべ，児
童の相談の裾野は広い。児童福祉法にもとづく機関である**児童相談所**では，0
〜18歳未満までの子どもに関するあらゆる相談を受ける。相談の種類（種別）
は表9-1に示す通り幅広い。広範囲な相談を受ける場合，持ち込まれた相談が
「本質的にどのような相談であるか」というニーズを探るというところからの
アセスメントが必要になってくる。むしろそれを見きわめること（見立てるこ

と）がアセスメントそのも
のであり，そうした見立て
によって，適切な支援が導
かれると考える。たとえば
表向き「不登校」という相
談であっても，本質的には
「ネグレクト（養育が不十
分）」であったというよう
な場合がある。

　家庭の養育能力の問題で
登校ができていない場合，
時間をかけて本人の内省を
待つなどの対応よりは（も
ちろんそうした対応が不要な
わけではないが），ネグレク
トの改善の方に重点をおい

表9-1　相談の種類

養護相談	身体的，性的，心理的虐待やネグレクト
	子どもが育てられない相談
保健相談	疾患を有する子どもの相談
障害相談	肢体不自由に関する相談等
	盲，ろう等の視聴覚障害に関する相談
	構音障害，吃音，言語発達遅滞等の言語発達に関する相談
	重症心身障害児に関する相談
	知的障害児に関する相談
	発達障害児に関する相談
非行相談	虚言癖，浪費癖，家での乱暴等のぐ犯行為に関する相談
	触法行為について通告のあった子ども等の相談
育成相談	性格，行動上の問題に関する相談
	不登校（園）に関する相談
	進学，職業等の適性に関する相談
	家庭内での養育，しつけに関する相談

た方が良いと判断される。そのためには家庭の養育能力を高め，衣食住や生活
リズムを整え，朝登校できる状態を作るといった支援が必要となる。その方法
についても来談者個々人の状況や家庭によって何が適切か，あるいは可能かは
様々である。したがって，支援を念頭においた**包括的なアセスメント**が必要で
ある。

　一口に「さあ，アセスメントをしてみましょう」といわれても，初学者は困
ってしまうだろう。そこで，ここからはアセスメントの具体的な流れについて
説明していく。次項の事例では，標準的な児童相談の流れを提示する。以下で
取り上げる各事例については，事例の本質的な部分を残し，改変している。

1-2　アセスメントの実際──事例①不登校

　小学校1年生（6歳）のA子は，入学から5月の連休までの1か月間は問題

なく登校できていたが，しだいに登校を渋り学校へ行かなくなった。保育所の
ときは母親に連れられ毎日登所しており，とくに問題はなかった。家族は実父，
実母，Ａ子，０歳10か月の弟の４人で，母親は育児休業中であった。Ａ子の発
達は順調で，乳幼児健診での指摘等はなかった。来所時は，駐車場に止まった
車からなかなか出てこず，母親が車を降りて玄関に向かって歩き始めると，泣
きながら後を追った。母親の腕につかまろうとするが，母は弟を抱いておりＡ
子に構うことができない様子であった。

アセスメントのポイントと所見

　①行動観察：アセスメントは来談者に出会う前から始まっている。親子がや
ってくる道や駐車場が見える場合は，その時点から様子を見ていてほしい。Ａ
子は，来所時の様子から不安の強さが疑われた。検査室へ行くための母子分離
は困難でしばらく母親に付き添ってもらった。アイコンタクトは可能で，慣れる
と笑顔も見られた。子どもは言語表現が未熟であるので**行動観察**は重要である。

　②少なくとも３つの仮説を立てる：主訴と事前情報，来談時の様子などをも
とに，主訴とされることの成り立ちについて考えていく。まずは標準的な発達
の様相を知り，それぞれの発達段階における子どもの特徴や起こりやすいつま
ずきについて思いをめぐらせてみよう。思春期の反抗のように，一見つまずき
に見えても，それこそが順調な発達の様相であることもある。色々なことが思
い浮かぶだろうが，主訴の成り立ち（主訴発生と継続の機序）や子どもの気持
ちについて，３つくらいは仮説を立ててみよう。その際，**発達心理学**の知見は
必須である。

　本事例の場合は，年齢や状況を考えると不登校の一因に**母子分離不安**がある
という仮説が立てられる。その他にも学校に行きにくい要因として，**感覚過敏**
があり給食やクラスの騒音が苦痛になっているとか，**知的な課題**があり授業や
宿題が苦痛であるなどが考えられるであろう。

　③仮説を検証するためのテストバッテリーを組む：**テストバッテリー**とは複
数の検査を組み合わせることである。１つの検査には限界があるので，複数の
検査を組み合わせることが必要となる。

　本事例では，それぞれの仮説を検証するために以下のテストバッテリーを組んだ。まず知的な課題の有無を確認するために，**田中ビネー知能検査Ⅴ**（知的な能力や学習への適応を査定する），次に**家族画**（子どもから見た家族の様子を査定する）と**PARS**（感覚過敏やこだわり等，発達障害的な傾向を査定する），**SCT**（家庭や学校等生活の様子やA子の思いを知る）を採用した。さらに，「**無人島の質問**」と「**3つの願い**」も**検査面接**（たんなる検査ではなく面接としての側面も持つのでこう呼んでいる）の中で聞いてみた。無人島の質問というのは「無人島に行かなければならないのだけど，誰か一人連れていけるとしたら誰を連れていく？」と聞くものである。幼児が「ママ」と答えなかったり「お兄ちゃん」と答えたりするなど少し違和感のある答えをしたときに，それについて話を深めると，家族の様子や子どもの思いがよくわかるときがある。また，3つの願いは「神様が3つだけお願いを叶えてくれるといったら何をお願いする？」と質問して話を深めていくものである。

　④検査の実施と解釈：田中ビネー知能検査Ⅴの結果，知的な課題，能力のばらつきは見受けられなかった。PARSからも発達障害を示唆するものはなかった。家族画，SCT，「無人島の質問」「3つの願い」をもとに話を聞くと，母とずっと一緒にいたいと思っていること，母と一緒に家にいる弟を疎ましく思っていることなどが語られた。家族画からはエネルギーは乏しく，退行的で外部を遮断したい気持ちが感じられた。

所見（見立て）

　A子が学校に行きたくない気がするのは，一つ目の仮説の**母子分離不安**のように思われた。弟に対する嫉妬心，競争心もうかがわれた。昨年までは母親の送迎で保育所へ順調に通っていたが，今年弟が生まれたり本児が小学生となったことで，大きく環境が変わった。母親は育児休暇中で，弟と2人で家で過ごしている。A子としては，自分だけが登校して母親と離れなければいけないことに，なんとなく納得できない思いや不安があったようだ。

助言・支援

　本事例の場合，ポイントは母親のかかわりとそれによるA子の安心感をどう

生み出していくかということであろう。安心して母から離れることができるようになることが必要である。しかし，それをどのように実現させていくかという方法は親子の数だけバリエーションがある。助言をする局面では，それをどのようにしたら実現できるかをともに話し合うような面接になることが望ましい。支援を組み立てるには，子どもの検査結果だけでなく，家族との相互作用，学校での相互作用，子どもたちを取り巻く資源についてのアセスメントも必要であり，各情報をつき合わせ，総合的に見立てたうえで助言する。たとえば，A子と母親とのかかわりを増やすために，弟を祖母に預けて母子での通所日を作るとか，弟を寝かしつけた後にA子と母の時間を確保したりなど，父の協力を得て新しい家族の交流パターンを作るなどの助言をすることが考えられる。

　さて検査結果は出せたが，**所見**が書けないということはないだろうか。あるいはどう助言をしたらいいかわからないということも起こりうる。その原因の一つは，仮説を立てる段階やテストバッテリーを組む段階での計画，つまりアセスメントの設計がうまくなされていないことであると思われる。アセスメントの設計がうまくできれば，その後の所見を導く段階や助言がスムーズになる。検査を実施すれば何かわかるだろうという漫然とした態度ではなく，「この検査ではこのことを確認する」という意図を持って検査に臨んでほしい。検査に使われるのではなく，検査を使うようにしたい。

1-3　アセスメントの実際——事例②被虐児への緊急のアセスメント

　B輔は2歳11か月児である。継父がしつけと称して母子に暴力をふるったため，母親が110番通報したことにより警察が家庭へ臨場した。被虐待ということで警察からの虐待通告を受け，児童相談所で一時保護を実施した。

　一時保護の判断は「**一時保護に向けてのフローチャート**」（図9-1）に沿って行われた。B輔には新旧のあざがあり，慢性的に暴力をふるわれているものと思われ「子どもに重大な結果が生じる可能性が高い」「（虐待が）繰り返される可能性が高い」と判断されたため，発生（再発）防止のための一時保護となった。

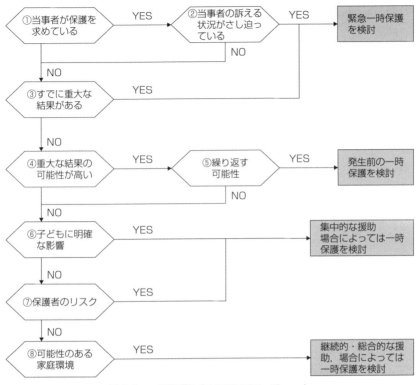

図 9-1　一時保護に向けてのフローチャート

(注)　A　①②③のいずれかで「はい」がある時→緊急一時保護の必要性を検討
　　　　B　④に該当項目がありかつ⑤にも該当項目があるとき→次の虐待が発生しないうちに保
　　　　　　護する必要性を検討
　　　　C　①～⑤いずれも該当項目がないが⑥⑦のいずれかで「はい」がある場合
　　　　　　　　→表面化していなくても深刻な虐待が起きている可能性
　　　　　　　　→あるいは虐待が深刻化する可能性
　　　　　　　　→虐待リスクを低減するための集中的援助。その見通しによっては一時保護を検
　　　　　　　　　討
　　　　A～Cのいずれにも該当がなく，⑧のみに「はい」がある場合
　　　　　　　　→家族への継続的・総合的援助が必要。場合によっては，社会的養護のための一
　　　　　　　　　時保護の必要性を検討する

(出所)　厚生労働省（2013）

　B輔の家族は継父，実母，異父弟（0歳9か月）の4人である。乳幼児健診はすべて受けており，1歳半健診で言葉の遅れと多動を指摘されていた。

アセスメントのポイントと所見

　児童心理司とプレイルームで遊んだB輔は，大きな混乱もなくマイペースであった。B輔と弟は2人ともきれいなふっくらとした肌をしているが，腕や顎等に小さなあざやひっかき傷があった。衣類や身体は清潔で**ネグレクト**は疑われなかった。弟はB輔から「あっちいけ！」と怒鳴られていた。身長・体重を計測したところ，B輔は標準よりやや小さめだった。また，服を脱いだ際に臀部や背中などにも新旧のあざが発見された。B輔は赤ちゃん人形を抱っこしてミルクを飲ませ，次に突然おもちゃのマシンガンをもって赤ちゃん人形のこめかみに打ち込むという一連の動作を繰り返した。その後，椅子を揺らして後ろに倒れこみ後頭部を打った。泣きそうになったが逆に怒って，職員に「あっちいけ！」と怒鳴った。言葉はやや遅れており会話が不十分であるにもかかわらず，「あっちいけ」だけは明確に何度もいったことが印象的であり，本児がいつもいわれている言葉なのだと推測された。心身の発達の遅れや言動から，**虐待**による影響が疑われた。赤ちゃん人形にミルクを飲ませた後マシンガンで撃つ様子は，身体的な虐待の**再演**ではないかとも思われた。

支　援

　保護者や所属等から情報を追加聴取した。一時保護は危険からの保護という機能の他，子どもたちの調査（心身の状態のアセスメント）という機能もあり，一時保護中に行動観察や心理検査，面接を実施する。B輔には新版K式発達検査2020（第4章参照）を実施した。言語の遅れはあるものの知的には正常域であった。しかし落ち着きのなさや衝動性が気になり嘱託医に診てもらったところ，発達障害の傾向があるという結果であった。本児の側にも育てにくさがあり，保護者はしつけに困っていたことがわかった。子どもたちを家庭に帰し，父母にはペアレントトレーニングを受けに継続して通ってもらうこととなった。

1-4　アセスメントの実際——事例③乳幼児の発達相談

　乳幼児の発達相談の分野で仕事をする心理職も多いので事例を挙げる。

　6歳のC太は保育所で集団行動ができず，個別に声かけが必要なことや，ク
ラスの他児の輪に入って遊べないこと等を心配されて，母が相談機関へ連れて
きた。C太の家族は実父，実母，姉（小2）の4人。出生時の異常はなく，こ
れまでに大きな病気やけがをしたことはない。3歳児健診で言葉の遅れを指摘
されたことがあるが，様子を見ましょうといわれ療育等には通っていない。

検査時の様子

　小一時間，座って検査を受けることができた。なんとか会話は可能であった
が，ポイントがずれたり一方的に自分の経験を話すことが多かった。

検査結果

　新版K式発達検査2020の結果は，「全領域」で生活年齢CA 6歳7か月，発
達年齢DA 4歳9か月，発達指数DQ72であった。領域別には「認知・適応」
領域が発達指数DQ85，「言語・社会」領域では発達指数DQ63と，差が大き
く，能力に差があることがわかった。言語の遅れはあるものの，視覚認知を中
心とした非言語的な能力は正常域であった。

　「全領域」の発達指数DQは72でありこれは正常と障害の境界線級の数値で
ある。「認知・適応」領域ではDQ85と正常域，「言語・社会」ではDQ63で
数値だけ見ると軽度知的障害が疑われるレベルであった。この結果をどう解釈
すべきだろうか。領域による能力差が大きいので，安易に数値のみで判断する
のは危険である。内容を吟味してみよう。

検査の解釈

　「認知・適応」領域では，「模様構成」「三角形の模写」「階段の再生」ができ，
認知も記憶も視覚的な課題はC太の中ではよくできた。C太らしさが表れてい
たように思えたのは，「重さの比較（例前）」で，見ているだけで「わからんな
あ」といい不通過であったのが，例後では重りを持ち比べて正答し通過したこ
とである。漠然と指示をされてもわからないが，例を示すと理解できることが
ある。

☕**コラム　自分が知り得たことでなく来談者が知りたいことを伝える**

　初学者の頃は，検査ができるようになり検査結果から多くの情報が得られると，なんだか得意げにそれを披露したくなるものだ。自分が知り得た貴重な情報を伝えたい気持ちは理解できる。しかし，来談者は検査結果でなく，どうしたらよいかを知りたいのである。難しい専門用語や数値を聞きたくて来談したわけではない。助言には検査結果そのものの説明が，必ずしも要るものではない。来談者へは主訴と検査結果をふまえた具体的な助言が望まれる。たとえば，「母親が不登校を嘆いたり責めたりするので子どもが元気をなくし，ますます悪循環が続いている」と見立てたとして，最もシンプルな助言をするなら「おかあさん，毎朝起きたら笑顔でおはようと声をかけてくださいね」というのも考えられる。

　「**言語・社会**」**領域**では，得点の低さが目立った。復唱はとくに苦手であり，聴覚的な短期記憶の困難さがうかがわれた。この領域の中では数概念理解が突出しており，答や答え方の明確なものはC太にとって力が発揮しやすいようである。了解問題は，Ⅰ，Ⅱは通過したが，Ⅲが不通過であった。Ⅲは相手がある場合の課題であるが，すべてパターン的に「謝る」と答えており，場の状況を読んで行動するというのは苦手な様子であった。

　総合所見と助言

　聴覚入力，短期記憶に劣っており，これが集団での指示に従えないことの一因と思われた。視覚認知は良好なのでこの能力を生かすことが有効と考えられる。例示がないと動けないようなこともあり，経験不足や状況の読みの弱さがうかがわれる。注意を引きつけながら多くの経験をさせることが必要であろう。

　本事例では，検査結果から知的障害の可能性を考え，**療育手帳**（第2節で後述）についての助言をしないのかという疑問が出てくるかもしれない。このケースでは，全体で発達指数DQ72，「言語・社会」領域では発達指数DQ63ということで，数字だけを見ると境界線級から軽度の知的障害があるようにも見える。しかし今回は，「認知・適応」領域が正常域であることや検査面接時の様子を考慮して，「言語発達遅滞」と判断した。

2　障害（児）者福祉——知的障害と発達障害に関して

　身体障害，精神障害，知的障害に関する福祉を障害者福祉と呼ぶ。現在は三障害の一本化を目的に制定された法律「障害者の日常生活及び社会生活を総合的に支援するための法律（障害者総合支援法）」にもとづいて支援が行われている。福祉的には三障害が一本化されたとはいえ，身体障害と精神障害のアセスメントについては医学的な比重が大きい。そのため，ここでは主に福祉領域において心理職による支援の機会が多いと思われる，知的障害と発達障害について述べることとする。

2-1　知的障害（児）者——事例④療育手帳の判定

　知的障害（児）者に関するアセスメントでは，まず**療育手帳**の判定が挙げられる。療育手帳とは，公的機関が知的障害児（者）に対して一貫した指導・相談を行うとともに，対象者が各種の援助措置を受けやすくするために交付される手帳である。その判定を行うのが**知的障害者更生相談所**や**児童相談所**（都道府県，政令市等により若干の組織の違いはある）である。

　療育手帳の判定にあたっては，主として知能検査と社会適応状況，医学的診断をあわせて，総合的に手帳への該当の有無や障害程度を判定する。[1]また，ここでいう知的障害とは発達期からの障害であり，成人してからの事故や認知症等の精神疾患による低下は含まない。したがって概ね18歳くらいまでに知的な遅れが見られなかった場合には対象とならない。

　20歳男性のＤ夫さんは，療育手帳の新規取得希望で知的障害者更生相談所へ来所した。小学校時より学業成績はふるわなかった。しかし，穏やかな性格で，

➡1　療育手帳制度は1973（昭和48）年に厚生事務次官通知として都道府県知事と政令指定都市市長へ出されたものであり，法律に規定された制度ではない。そのため，判定基準は各都道府県および政令市により独自のものが作成されている。とはいえ，基本的には上記のような判定基準である。

大きな問題もなく通常学級で過ごした。中学校では不登校ぎみであった。高校を卒業し就職したが、仕事が覚えられず退職。家に引き込もるようになった。保健師の勧めがあり、療育手帳を取得して福祉的な就労をしたいと希望している。D夫さんのアセスメントの概要は以下の通りである。

アセスメントのポイントと所見

①生育歴：まず**生育歴**を見ると、満期で出生したが仮死状態であった。3歳までに4～5回熱性けいれんを起こし、3歳児健診では言葉の遅れを指摘されて市保健センターのフォローを受けていた。4歳頃急激な言葉の発達があり保育所でも適応できていたため市保健センターのかかわりは終了した。大きな病気やけがはなかった。

②知的状況：知能検査の結果は、改訂版鈴木ビネー知能検査で生活年齢CAが20歳5か月（修正年齢16歳0か月）、精神年齢MAが10歳6か月、知能指数IQが66であった。

③社会適応状況：**社会適応状況**を見ると、ADL（activities of dairy living：身辺処理）は自立し、行動上の問題や医療的な問題はない。複雑な話は理解が難しいが日常的な会話はできる。簡単な漢字交じりの文章は読めるが役所からの通知文を理解するのは難しい。少額の買い物は可能だが、お釣りの計算がよくわからないため、金銭管理は母親が行っている。

④医学的診断：知的障害とは18歳未満の発達期からすでにある知的発達の遅れを指すので、成人してから知的低下を起こす他の疾患（たとえば認知症による低下やうつ・統合失調症等の精神疾患による一時的な低下等）との鑑別の必要がある。嘱託医の診察の結果、D夫さんに精神疾患は認められず知的障害と診断された。

総合所見

知能検査結果の知能指数IQ66は知的に軽度の障害に該当する。社会適応能力も軽度の障害相当、医学的にも知的障害と診断され、総合的に軽度知的障害と判断した（療育手帳制度では重度をA、中・軽度をBで表記し、自治体によってはB1、B2等さらに細分化される。D夫さんの場合はB（軽度）となる）。

2-2　発達障害（児）者——事例⑤発達障害

　発達障害（児）者のアセスメントに関しては医療領域および教育領域と重複の多い部分であり連携が必要である。

　12歳（小学校6年生）のE斗は，最近になって学校でのトラブルが増えた。一旦興奮すると止まらなくなり，椅子を持ち上げて投げたり，壁やガラスを殴ったり蹴ったりする。そのことについて注意されると家でも学校でも暴れる。勉強は得意ではなく，宿題ができないことにかんしゃくを起こす。

　家族は実父母，姉（中学生），祖父母の6人であり，祖父母は本児を厳しくしつけている。父も祖父も現住所の生まれで本児も生まれてからずっとそこで生活している。生育歴では出生時の異常はなかったが，幼児期には多動・こだわりがあり，育てにくい子だったとのことである。人見知り（8か月不安）は見られず，愛着形成や対人関係の発達が順調でなかったことが示唆された。大きな病気やけがはなかった。

検査結果と所見

　E斗のアセスメントでは，知的能力の全体的な傾向と偏りの把握のためにWISC-IVを実施した。結果は図9-2に示すように分野による能力の偏りが大きかった。

　WISC-IVの結果は全検査IQ（FSIQ）102，言語理解指標（VCI）88，知覚推理指標（PRI）98，ワーキングメモリー指標（WMI）118，処理速度指標（PSI）110であった。

　自閉スペクトラム症（ASD）が

指標	VCI			PRI			WMI		PSI	
下位検査	類似	単語	理解	積木	概念	行列	数唱	語音	符号	記号
	9	8	7	16	7	6	14	12	11	13

図9-2　WISC-IV　プロフィール

（注）本図はWISC-IVの発行元である日本文化科学社より許可を得て掲載した

（出所）日本版WISC-IV記録用紙をもとに筆者作成

疑われる特性が見られたため PARS を実施したところ，予想通り ASD 傾向が示唆された。また，社会性や対人認知の把握のために人物画を描くように教示（「人間を一人頭の上から足の先まで描いてください」）したところ，「服も描くんですか？」と質問を返した。そしてそのように確認したにもかかわらず体と服との境界を線で引いただけの人物を描き，靴は描かなかった。手足の指と爪を1本1本描きこむこだわりぶりの反面，耳を描き忘れるなど人への関心の乏しさや社会的な未熟さがうかがわれた。E斗から話を聞くと，「怒らせる子がいてその子が悪い。いつも僕に悪口をいう。祖父母にはいつも叱られる。宿題は絶対に出したいが，わからなくてイライラする」とのことであった。

　E斗の能力の偏りや抽象的な物事の理解に劣る点などが，高学年になるにつれ学習の遅れを引き起こしたと思われる。宿題へのこだわりがあり本人も苦しんでいる。物事の理解が具象的な範疇を出ないため，友人たちの裏や含みのある表現，冗談や行間の意味などがくみ取れずトラブルに発展するようである。このような本児への周囲の理解は乏しく，「叱る⇔イライラする」という悪循環が生じている。発達障害が疑われ，医師へつなぎ診断や治療を受けることも本児への理解を得るうえで有益と思われる。

3　関係性のアセスメント

　これまで，主として個人を中心に置いたアセスメントを紹介してきた。それとは少しアプローチが異なるが，家族システムを対象とするアセスメントや援助手段もある。たとえば事例⑤のE斗くんの場合で，祖父母の厳しいかかわりが変わったらE斗くんの行動も変わると思われる。どちらが良いか悪いかではなく，必要に応じて使い分けるとよいだろう。どのようなアプローチをとるか，それも含めてアセスメントである。

❖考えてみよう
・事例④の来談者のニーズをよく考えて，どのような助言を返すか考えてみよう。

たんに療育手帳該当の有無だけを判断するのでなく，どのような相談の受け方
ができたら良いだろうか。
・知的障害の定義は世界的にも変遷しており，現在は IQ にとらわれない方向が
　提唱されている。日本国内では各都道府県・政令市等で定義を定めている。
　ICD-11，DSM-5 などを参考に調べてみよう。
・事例⑤について，家族システム的な視点からアセスメントしてみよう。

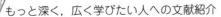
もっと深く，広く学びたい人への文献紹介

川畑 隆・菅野 道英・大島 剛・宮井 研治・笹川 宏樹・梁川 惠…衣斐 哲臣
　　（2005）．発達相談と援助――新版Ｋ式発達検査2001を用いた心理臨床――
　　ミネルヴァ書房
　☞検査場面を紙上で再現し，重要な着眼点，見立て，助言，所見のまとめ方
　　について現場での知恵を伝える１冊。
川端 隆（編）（2015）．子ども・家族支援に役立つアセスメントの技とコツ　明
　　石書店
　☞役に立つアセスメントについて心理臨床のベテランたちが語りつくす。シ
　　ステミックな視点を存分に含む１冊。
西澤 哲（1999）．トラウマの臨床心理学　金剛出版
　☞トラウマと児童虐待についての理論や心理療法を解説する。トラウマを理
　　解しその概念を臨床に活かすうえでのひとつの指標となる１冊。

引用文献

津川 律子・遠藤 裕乃（編）（2019）．公認心理師の基礎と実践⑭――心理的アセ
　　スメント――　遠見書房
福島 哲夫（編集責任）（2018）．公認心理師必携テキスト　学研
野島 一彦（監修）（2019）．公認心理師分野別テキスト２　福祉分野――理論の
　　支援と展開――　創元社
厚生労働省（2013）．児童虐待ガイドライン
大島 剛・川畑 隆・伏見 真里子・笹川 宏樹・梁川 惠・衣斐 哲臣…長嶋 宏美
　　（2013）．発達相談と新版Ｋ式発達検査　明石書店
宮井 研治（編）（2012）．子ども・家族支援に役立つ面接の技とコツ　明石書店

第10章 教育領域の心理的アセスメント
——子どもの取り組む課題に目を向ける

林　郷子

> 　私たちは誰でも人生のある時期，学校教育にかかわることとなる。したがって心理職として従事する場がどこであれ，そこで出会う人たちは何らかの形で学校教育と関係していることが多く，心理的アセスメントを行ううえで教育領域における視点を持っておくことは大切である。学校は教師や友人等との様々なかかわりを通して子どもの学びと成長を促す場である。子どもの呈する問題は，その成長発達の過程においてどのような意味を持っているのか，それは周囲の人々とのどのような関係の中から生じたのか，そういった点に目を向けながら子ども理解について考えてみたい。

1　「問題」をどのようにとらえるか

1-1　教育という場における「問題」のとらえ方

　「教育領域」と一口にいっても，心理職の活動場所は多岐にわたる。学校・幼稚園をはじめとし，自治体の教育センターや教育支援センター（適応指導教室），フリースクール，大学の学生相談室等々，支援形態から対象者の年齢層まで実に様々であり，これらを一括りに論じるのは至難の業に思える。

　その中で共通項を考えてみると，青年期も含めて発達途上にある子どもが主な対象であること，教育という**学びの場**に身を置いているということが挙げられる。このような場で，子どもは家族・教師・友人等との様々な人間関係を経験し，その影響を受けて成長する。教師同士や教師と保護者など，周囲の人々

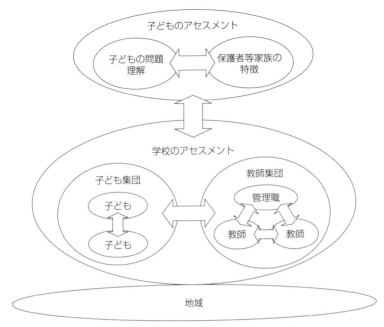

図 10-1　学校教育におけるアセスメントの概要
（出所）徳田（2003）をもとに筆者作成

の関係もまた子どもに影響を与える。子どもの呈する「問題」はこれらの多様な**相互作用**の中から生じるものであり，子ども個人に目を向けることはもちろん大切であるが，子どもの置かれている状況に目を向けることも同時に大切である（図 10-1）。こういった共通点を念頭において，教育領域における心理的アセスメントについて考えてみたい。ただし，それぞれの活動場所において重視する点や対応のあり方は，当然のことながら異なってくることを断っておく。

1-2　発達過程からとらえる

　子どもは成長発達の途上にあり，日々変化していく存在である。したがって「教師や保護者から見て，『問題』に見える言動も，成長の過程の中でほぼ必然的に生じてくるものがある」（小松，2016）と考えられる。たとえば小学校低学年の子どもの登校しぶりは，親との結びつきを再確認して安心感を得ようとす

161

る試みとしての意味があるかもしれない。思春期の子どもの大人への反抗や嘘，盗みといった行為は，心理的自立の過程として生じている可能性もある。進路決定を前に高校生が一時的に不登校となったとき，自分と向き合いアイデンティティ模索のために格闘している姿としてとらえることが，本人を理解する助けになるかもしれない。**各発達段階**における心理的課題を理解しておくことも必要であろう。

　次の段階に進むということは，これまでのあり方を変化させたり脱ぎ捨てたりする必要があることを意味する。それは必ずしも心地よい体験ではなく，苦悩を伴ったり，スムーズには進まない体験となり，子どもはなんとかしてそれを乗り越えようとする。その必死の取り組みの一つとして「問題」が現れてくる場合があることを忘れないでおきたい。

1-3　関係性からとらえる

　「問題」が生じるとき，そこにはそれを問題とみなす「誰か」が存在する。困っている人がいるからこそ，それが「問題」として浮かび上がってくるのである。不登校の子どもに対して，学校に行ってほしいと思う親や教師がいるから学校に行かないことが問題となってくるのであるし，学習してほしいと思う誰かがいるから勉強しないことが問題となったりするのである。その問題とされる行動が，誰との間でどのように問題となっているのかによって「問題」のもつ意味は変わってくる。もちろんこの「誰か」は本人の場合もある。

　岩宮（2009）に登場する偏食の男児タロウの事例を紹介しよう。タロウの「白いご飯しか食べられない」状態は，親や教師との間で大きな「問題」となっていたが，道で出会ったおじいさんとの間では白いご飯が「おいしいもの」として共有される。「問題」が問題でなくなる瞬間である。問題とみなすのが良くないというわけではない。みなさないことの方が問題と思える場合もある。ただ，なぜそれが「問題」となっているのかをとらえなおしてみることは，子どもとのこれまでの**関係性**を見直すきっかけにもなり，周囲の大人が自身のあり様を問い直すきっかけになる。河合（2009）は，「『問題児』というのは，教

師や親に対して，解くべき問題を提出しているのだ」と述べているが，これは，心に留めておきたい言葉である。

　もっとも，子どもは自分から「困っている」とはいわないこともあるし，自覚していないこともある。問題とされる行動自体が「困っている」ことの訴えでもあるので，何をもって「問題」とみなしていると考えるのかは気をつけたいところである。

1-4　個別の意味に目を向ける

　その行動の背後にある「固別の意味」を理解することも大切である。たとえば授業中に教室を飛び出す子どもがいる場合，そこが落ち着いたクラスなのか，さわがしいクラスなのかによって，その行動に対する理解は変わってくるだろう。あるいは万引きを繰り返す少女がいたとする。彼女は周囲からは優秀とみなされていたが，家族間の葛藤から否定的な自己イメージを抱いており，彼女の万引きという行為は，周囲からの評価と自己イメージとのギャップを埋めるために生じてしまっていたのかもしれない。物理的な状況や本人の心理的状況に目を向けることで，行動の意味は変わってくる。

　発達障害や**精神障害**などの器質的な要因も無視することはできない。教室で落ち着きのなさを示す子どもは，心理的に不安感が増大している可能性もあるが，注意欠如・多動症（ADHD）や自閉スペクトラム症（ASD）などの課題を抱えている場合もある。思春期の子どもが幻覚めいた言動をとる場合は，統合失調症の可能性についても考えないといけないだろう。器質的な要因があったとしても，皆が皆同じ行動を示すわけではないので，それだけでその行動を説明できるわけではない。ただし，要因の一つとして視野に入れておくことは大切であり，必要に応じて医療との連携を図ることも考えなくてはならない。

　さらには本人の**個性**についても大事にしたい。たとえば，クラスが学級崩壊の状態にあったとしても，それに対する反応は様々である。イライラした気持ちを抱えながらじっと耐える子どももいれば，一緒になって暴れる子どももいる。岸（1990）はユング（Jung, C. G.）の少年時代の体験を挙げている。簡単な

数学の命題が理解できなかったユングは，周囲からは反応が鈍くて要領が悪い子どもと見られていたが，実際は一つのことをとことん突き詰めて考えるという彼の性格から，すぐには答えをのみ込めなかったのである。「問題」となる行動には本人の個性が大きくかかわっており，またそれをどのように見るかという周囲の目もかかわっている。

　実際には，問題の要因は複雑に絡まり合っていることが多く，一つの要因だけを取り上げてどうこういうことはできない。ただ，先述したように，「問題」は本人が事態を何とかしようとする行為の一つとして生じることが多い。その問題行動が本人にとってどのような意味を有しているのかをとらえる視点を持ちたい。

2　心理的アセスメントの対象

2-1　個人のアセスメント

　アセスメントの対象としてまず挙げられるのは，「問題」を生じさせている子ども本人であろう。その際，子どもは大人のように自らの心情を語ってくれるわけではないし，面接室に来てくれるとも限らない。本人には一度も会えずに支援を考えていく場合もありうる。したがって，日頃の行動観察や，学力，友人関係，授業内外の様子，つくった作品等々，家族や教職員など周囲の人々から得られる様々な情報が理解に役立つ。ただし「現実場面では，病理を抱えている人でもその人の健康的な部分で最大限現実適応しようと努力している」（鵜養，2004）可能性がある。学校と家庭とでは子どもの様子がかなり異なる場合があることを心得ておきたい。

　ところで，心理的アセスメントとは何であろうか。情緒的な反応の乏しい子どもがおり，「ASD の可能性がある」と考えたとする。これは心理的アセスメントとして適切であろうか。あるいは，その子どもの生育歴がもう少しわかってきて，「反応性アタッチメント障害の可能性も考えられる」と判断したとしたら，これは心理的アセスメントになるのだろうか。問題行動は心理的な要因

だけで生じるわけではないので，多角的に理解していくことは重要である。しかし，これはたんに何らかのカテゴリーに当てはめようとしているだけではないのだろうか。その子どもが人とかかわるときにどのような思いを抱いているのか，その子どもにとって感情を出すというのはどういうことなのか，そういったところにも思いを馳せていきたいものである。

2-2　家庭のアセスメント

　子どもを取り巻く環境は，問題の形成に大きく影響しており，子どもと環境との間にどのような相互関係が生じているかを理解することは，すなわち子どもを理解することにつながる。とくに**家庭**は，生まれたときからその子どもを取り巻いている環境であり，それを抜きにして考えることはできない。家庭もまた，学校とは違う意味で子どもの学びを支え，子どもを育てる機能を持つが，とくに子どもが安心感を得て外界に向かっていく「エネルギーを確保する場」としての機能は重要であろう。家庭内でそのような機能が保持されているか，保護者はどのように子どもにかかわっているのか，家族構成員同士の関係性はどのようなものであるか，問題が生じたときにはどのように対処する傾向があるか等を見立てていくことになる。経済状況や住宅形態などの物理的な環境についての情報が役立つこともある。保護者のかかわりが支援者にとって疑問を抱くようなものであった場合には，なぜそのようなかかわりが形成されるに至ったのかを，さらに深く考えていく姿勢が必要であろう。

　もっとも，家庭のアセスメントの目的は問題形成の背景を知ることだけではない。むしろ，その環境が子どもの成長にどのように寄与しうるかを見ることが大切である。誰が課題解決の**キーパーソン**となりうるか，支援の協力者として誰が適切か，家庭の中での肯定的な機能はどこにあるか等である。多くの場合は，子どもとともに，あるいは単独でも相談に来る保護者が，最も協力者になりやすい。子どもの問題の意味を考え，子どもの成長を支えていく**共同支援者**として手を組むこととなる。

　ときには，子ども以外の家族構成員，あるいは家族全体が支援の対象となる

こともありうるし，子どもが彼らを支援へとつなぐ導き手としての役割を担って問題を生じさせていることもある。また，虐待が生じているようなときなどは，家族機能そのもののサポートのために他機関との協力が必要な場合も生じるだろう。誰が最も支援を必要としているのかを理解していくことも大切である。

2-3　学校のアセスメント

　学校のアセスメントも欠かせない。教職員やクラスメートは子どもが一日の中でかなりの時間をともに過ごす相手であり，家庭の場合と同じく，この環境が子どもの問題行動の形成に，あるいは今後の成長にどのように関与しうるかを見立てる視点が必要である。クラスあるいは学校全体はどのような雰囲気か，校長の教育方針はどのようなものか，教師と子どもの関係だけでなく，教師と保護者，教師同士，管理職と他の教職員との関係はどうか等，目を向けるところは多々ある。家族同様，誰がキーパーソンとなりうるのかの検討も大切である。スクールカウンセラー（SC）のように直接学校コミュニティに参加する機会のある心理職であれば，直に肌で感じる面もあるだろうし，教職員と関係をつくっていく中で徐々に見えてくる面もあるだろう。直接把握できない場合でも，子どもや保護者，あるいは関係者等の話から，学校の雰囲気に思いをめぐらせていきたい。ただし，たとえば保護者の語る教師の様子は，保護者の抱いているイメージを反映している場合があるので，現実にそのような様子なのだと早急に判断することには慎重でなくてはならない。

　学校のアセスメントは，心理職がどのような動きをすればよいのかを考えるうえでも大切である。不登校の生徒の面接を依頼されたとして，管理職と担任との間に対立があったとき，心理職が誰の要請を受けてどのように動くのかによってその後の教師との関係が変わるかもしれない。授業中のカウンセリングに学校側が躊躇を示すとき，授業を成立させること自体に苦労してきたその学校の歴史を知ることで，学校への働きかけ方が変わるかもしれない。そもそもその学校コミュニティが心理職に何を期待しているのかを見立てることも必要

である。また，**危機介入**などのように，学校そのものを支援の対象として考えた方がよい場合もある。そういった場合には，**コンサルテーション**や**教職員研修**を通してのかかわりがメインになると思われるが，学校全体のアセスメントがとりわけ重要となるだろう。

　なお，学校アセスメントと関連して，その学校がどのような地域にあるのかといった**地域のアセスメント**も大切である。子どもや保護者，教師たちの反応には，その地域の持つ特色や歴史を知ることで理解できるものもある。

2-4　支援者のアセスメント

　もう一つ大事なアセスメントの対象として，心理職を含めた支援者自身を挙げたい。つまり，自分がどのような価値観を抱えているのかを吟味するということである。誰でもそれぞれの価値観を持っている。子どもにどのように育ってほしいと思っているのか，教師に対してどのような思いを抱いているのか，自身の学校教育体験はどのようなものであったのか等々，支援者側の思いは子どもや家庭，学校に対するアセスメントに影響を与える。価値観をなくそうといっているのではない。「問題」は，それを問題とみなす誰かとの関係の中で浮かび上がるのだと考えたとき，その「誰か」には支援者も含まれているのである。自分の価値観を知っておくことで，偏ったアセスメントになることを防ぐことができるのではないだろうか。

3　アセスメントの実際

3-1　アセスメントの方法

　アセスメントというと**心理検査**を思い浮かべることが多いかもしれない。しかし，現場で主となるのは**行動観察**や本人との**面接**である。ちょっとした立ち話や，遊びや学習を通してのやりとりがアセスメントに役立つ。その子どもが興味を持っている事柄，自由に描いた絵などは非常に参考になる。家族や教師等，周囲の人々からの情報も大切である。心理検査を行うこともあるが，教育

機関で検査を実施する際には，慎重に検討した方がよい場合がある。学校教育
は子どもの諸側面を評価する機能も有している。検査を実施するということは，
それが学校による子どもの評価に何らかの影響を及ぼすのではないかという懸
念もしくは期待を，暗黙裡のうちに引き起こす可能性がある。たとえば，家族
の子どもへのかかわり方を考える参考にしようと知能検査を実施したとしても，
その子どもが学習面での課題を抱えていた場合，特別支援教育の必要性の判断
に使われるのではないかという推測が保護者に生じることがある。こういった
ことは学校に近い機関であるほど生じやすい。どのような目的で実施するのか，
検査結果はどのように扱われるのかといったことを事前に十分共有しておく必
要がある。

　もちろん，それらを考慮したうえで検査を実施することもある。子どものど
の側面を知りたいかによって使用する検査は異なるが，学習面の指針を得るた
めには WISC-V や K-ABC Ⅱ などの**知能検査**（第4章参照）がよく使われる。
また，本人のパーソナリティ理解のために質問紙や SCT（文章完成法），描画
など各種の**人格検査**（第5章参照）が用いられることもある。各相談機関や各
支援者が，比較的短い時間で本人への負担が少なく実施できるような，オリジ
ナルの質問票や検査を考案して使用していることも多い。

　また，個人のアセスメントではなく，**学級のアセスメント**を行うものもある。
集団内の人間関係を図式化する伝統的なソシオグラムもその一つであろうし，
伊藤・松井（2001）の「学級風土質問紙」や河村（2006）の「Q-U」などもあ
る。これらの尺度は，学級の雰囲気や人間関係といったやや抽象的なものを数
値化したり視覚化したりしてとらえ直すことができ，新たな気づきをもたらし
うる。しかし，これも教師との信頼関係のもと，しっかりと目的を共有したう
えで実施することが大切であり，そうでないと思わぬ誤解を生む場合もあるの
で気をつけたい。

3-2　事　例

　ここで事例を紹介する。なお，これは事実をもとにしているが，実際のエピ

ソードからは大きく変えた架空の事例である。

事例①——不登校の中学生女子

　中学校1年生の女子Aは，中学校に入学して間もなく不登校となり，母親とともに公立の教育相談機関を訪れた。Aは，今は教室に入れる気がしないが，学習が遅れていることが気になっていると，自ら教育支援センター（適応指導教室）への通級を希望した。カウンセラーはAに聡明な印象を抱いたが，どこか感情の伴っていない口調が気になった。その後，Aは教育支援センターに入級し，相談面接は母親のみが継続することとなった。母親の話では，両親ともAに対して小さい頃から社会的ルールについてきっちり教えようとしてきたとのことであった。もともと自己主張の少ないAであったが，自分がどうしたいかよりも，親や教師が求めていることに応えようと動くことが多かったという。Aの不登校は，思春期に入って自我が芽生えてくる中で，これまでのスタイルに限界が来たことを示しているように思われた。

　Aは最初の数週間は教育支援センターに喜んで通ったものの，その後は朝起きられないようになった。ただし通級をやめようとはせず，1〜2か月に1回程度は通級した。教育支援センターのスタッフから本人への働きかけ方に迷っているとの連絡を受け，カウンセラーがスタッフと会うこととなった。

　スタッフによれば，Aは通級したときはスタッフにも他の通級生にも人当たりよく接し，前向きな発言が多いが，翌日からぱったり来なくなるので，何か気をつけた方がいいことがあれば知りたいということだった。カウンセラーからは，Aは周囲の期待を敏感に察知して，それを自分の意思と混同してしまう傾向が強いこと，周囲の期待に合わせた目標を掲げては結局達成できずに自分を責める傾向があることなどを伝えた。また，自分の思いを探りつつ社会的な要請との間にどう折り合いをつけていくのかという大切な課題に，学校と家庭の中間的な場である教育支援センターへの通級という形を通して取り組んでいるように思われるというカウンセラーの印象を話した。スタッフは，学習課題を与えたり今後の通級を促すような声かけをする際に，Aの前向きな発言に気を取られ，その底にある思いに目を向けられていなかったのかもしれないと語

り，再度スタッフ間でかかわりを検討してみるとのことだった。

　その後，スタッフと母親との間でも話し合いがあり，本人の掲げる高い目標に周囲が引っ張られすぎないようにしながら，長い目で見守っていくことなどを確認し合った。中学校2年生までは同様のペースでの通級となったが，3年生になった頃から徐々に通級する頻度が増え，最終的には開室日はほぼセンターで過ごすようになり，高校へ進学していった。

　なお，この間学校は家庭訪問を通じたかかわりを継続していて，学校との連携は主に教育支援センターのスタッフが担っていた。

事例②——発達障害の小学生男児

　小学校6年生の男児Bは，乳幼児健診でコミュニケーションの難しさを指摘され，その後ASDの診断を受けた。知的水準は低くないが，一つのことが気になると切り替えができなくなるところがあり，小学校では特別支援学級に在籍した。学年が上がるにつれて切り替えの難しさは徐々に緩和され，学習面や生活面で目立った問題は見られなくなり，交流学級で授業を受ける時間も増えてきた。ところが6年生になると，テストや図工の制作などで自分の思うような出来栄えにならないと，用紙を破ったり作品を壊したりするようになった。両親は中学進学に際し特別支援の申請を迷っていたが，Bの様子を気にした担任の勧めもあって，教育相談機関で知能検査を受けることとなった。この教育相談機関で実施した知能検査等の資料は，就学相談の資料としても活用されることがあり，両親はそれを承知していて，今後の参考にしたいとのことであった。

　心理職である相談員が知能検査を実施した。Bはまじめな態度で受検したが，教示を何度も確認したり回答の正誤を非常に気にする様子が見られた。検査後，Bは好きなゲームの話をしてくれた。そのゲームの好きなところは「戦いながらキャラクターが強くなっていくところ」で，「回復アイテムをうまく使うところ」が強くなるポイントだといってBは笑った。

　検査結果からは，全体的な知的水準は平均的だが，知識が豊富な一方で，先を見通すことが苦手な様子がうかがえた。これまでは特別支援学級でサポートを受けながら安心して学校生活を送ることができていたのだろう。そのような

170

中で少しずつ切り替えができるようになってきたのだと思われる。しかし交流学級で過ごすようになり，不慣れで対処の仕方がわからない場面が増え，不安が強くなっていたのではないだろうか。また，「このくらいはできる」もしくは「できないといけない」と思っていた自分とのギャップを感じ始めているようにも思われた。

　後日，検査結果のフィードバックを兼ねて相談員と両親・担任が話し合う場がもたれた。相談員は上記のことに加え，Ｂには対処の仕方を蓄積していくことができる力があると思われるが，現在かなり精一杯頑張っている状態にあるため，蓄積した知識をうまく引き出せずにいる，時々エネルギー補給ができる場があるといいかもしれないと伝えた。母親は，今後の進路を考えると焦りがあり，ついつい本児に要求することが多くなっていたとふり返った。担任は，Ｂは安心できる場所では落ち着いて切り替えもできるので，特別支援学級で過ごす時間を増やそうかとＢに提案したのだが，Ｂが受け入れようとしないと語った。相談員は，Ｂがこれまでとは違う形で自分と向き合いもがいている姿を想像した。Ｂにとっては苦しい体験であると同時に大事な体験になっていると思われ，慎重に見守りたいと伝えた。担任はどのような形でＢが安心できる時間を確保できるか，他の教師やＢ自身とも相談してみると話した。

　最終的にはＢの強い希望もあって，中学校からは通常学級に在籍することとなった。不安が強まると確認行動が頻出することがあったが，学校と家庭で協力して，不安場面での対処の仕方や切り替え方を考えたり，ときにはＳＣが面接を行ったりしながら，Ｂは学校生活を乗り切っていった。

　以上，２つの事例を挙げた。心理検査を実施するか否かにかかわらず，また本人と直接かかわるか否かにかかわらず，心理職は子どもがどのような心理的な課題に取り組んでいるのか，つまりどのような**成長可能性**を有しているのかを見立て，それを保護者や教師等の関係者と共有し，連携していく力を養うことが大切であろう。それぞれの立場からの見立てを重ね合わせることで，より立体的な本人理解につながり，理解を深めていくことで，おのずと対応の指針

が生み出され，かかわりを支える土台となるのではないかと思われる。

❖考えてみよう
　問題行動は，それを呈している子どもや周囲の人々にとってどのような意味が
あるだろうか。身近な例から考えてみよう。

もっと深く，広く学びたい人への文献紹介
伊藤 美奈子・平野 直己（編）(2003)．学校臨床心理学・入門——スクールカウ
　　ンセラーによる実践の知恵——　有斐閣
　　☞スクールカウンセラーの入門書として，学校という場に対する理解や，学
　　　校における心理職としての役割について，広範囲にわたり解説している。
　　　学校アセスメントの視点からも学びとなる点が多い。
かしま えりこ・神田橋 條治（2006）．スクールカウンセリングモデル100例——
　　読み取る。支える。現場の工夫。——　創元社
　　☞本人や保護者との面接から教師との連携まで，豊富な事例がコンパクトに
　　　まとめられて掲載されている。確かな心理的アセスメントをもとに様々な
　　　かかわりが工夫されていることが伝わってくる。

引用文献
伊藤 亜矢子・松井 仁（2001）．学級風土質問紙の作成　教育心理学研究，*49*
　　(4)，449-457.
岩宮 恵子（2009）．生きにくい子どもたち——カウンセリング日誌から——　岩
　　波書店
河合 隼雄（2009）．心理療法序説　岩波書店
河村 茂雄（2006）．学級づくりのための Q-U 入門——「楽しい学校生活を送る
　　ためのアンケート」活用ガイド——　図書文化
岸 良範（1990）．問題行動のとらえ方　安香 宏・小川 捷之・河合 隼雄（編）
　　教育と心理臨床（pp. 26-37）　金子書房
小松 貴弘（2016）．問題をアセスメントする　角田 豊・片山 紀子・小松 貴弘
　　（編）　子どもを育む学校臨床力——多様性時代の生徒指導・教育相談・特
　　別支援——（pp. 88-93）　創元社
徳田 仁子（2003）．学校臨床における見立て・アセスメント　伊藤 美奈子・平
　　野 直己（編）　学校臨床心理学・入門——スクールカウンセラーによる実践
　　の知恵——（pp. 61-83）　有斐閣
鵜養 啓子（2004）．学校領域におけるコミュニティ援助の実際　金沢 吉展（編）
　　臨床心理的コミュニティ援助（pp. 57-99）　誠信書房

第11章　司法領域の心理的アセスメント
——犯罪・非行のメカニズムの
解明と更生支援

坂 野 剛 崇

> 　司法領域は，犯罪をした人や非行のある少年（20歳未満の者）の更生および
> 被害者の支援を主な対象としている。さらには，夫婦の離婚をはじめとする家
> 族成員間の紛争の調整や，そうした状況下にある子どもへの支援も対象として
> いる。多くの人たちは，このような問題を抱えた人たちに対して比較的馴染み
> が薄く，ともすれば道徳心や倫理観が先に立ち，理解しがたい人たちであると
> 距離を置きがちになる。しかし，こうしたクライエントが健康的な社会生活を
> 送るためには，的確な心理社会的アセスメントにもとづく支援が不可欠となる。
> 本章では，犯罪加害者の更生支援を中心に，公認心理師の役割について述べて
> いく。

1　犯罪をした人と非行少年へのアプローチ

1-1　犯罪・非行とは

　「犯罪」には，殺人，強盗，傷害，暴行，詐欺，強制性交（強姦），窃盗，違
法薬物の使用，自動車運転過失致死などがある。このような「事実・行為」は
すべて，刑法をはじめとする法律で定められている。これらの法律に違反した
場合には，刑罰（制裁）が科せられる。このように犯罪とは，「法によって禁
じられ刑罰が科される事実・行為」を指す。そして，これらの事実・行為のあ
った者は**犯罪者**と呼ばれることとなる。

　犯罪に関しては，あらかじめ法律をもって定められていない場合には，処罰

173

できないという原則（罪刑法定主義）がある。当該事実・行為が犯罪と認定さ
れるためには，「構成要件該当性」があり，「違法性阻却事由」がなく，「有責
性」があることが必要となる。「構成要件該当性」とは，法律の条文で定めら
れた犯罪の構成要件に該当するかということである。たとえば，殺人罪（刑法
第199条）では，「人」を「殺した」といえるかどうかである。殺したのが
「人」でない場合はこの要件を満たさない。また，「殺す」意思がなかった場
合も，この要件を満たさず，人を死亡させたという結果は同じであっても，
「殺人罪」とならず「傷害致死罪」等に認定されることになる。「違法性」と
は，当該行為が社会的に有害であるということである。ただし，正当防衛など
やむをえないと認められる事由がある場合，「違法性阻却事由」があることか
ら罰しないとされる。また，「有責性」とは，犯罪となる行為を止める判断が
できるなど，自らの意思で行為をコントロールする能力がある状態を指す。精神
疾患によって意思能力が著しく低下していたり完全に欠落していたりする場合，
あるいは身体を完全に拘束されて強制されたような場合には，有責性を十分に
問えないとされている。

　一方，**非行**とは，犯罪のうち20歳未満の少年（少年法では，性別を問わず20歳
未満の者を少年という）によって行われたもののことである。ただし，触法，
ぐ犯も含まれる。非行に関する基本法である**少年法**第3条に照らすと，非行の
詳細は次の通りとなる。

　犯罪：14歳以上20歳未満の少年が行った刑罰法令に触れる行為

　触法：14歳に満たない少年が行った刑罰法令に触れる行為

　ぐ犯：性格または環境に照らして，将来罪を犯したり刑罰法令に触れたりす
　　　　るおそれのある行為で，次の4つの事由のいずれかが認められる行為

　　　　　イ　保護者の正当な監督に服しない性癖があること

　　　　　ロ　正当な理由がなく家庭に寄りつかないこと

　　　　　ハ　犯罪性のある人もしくは不道徳な人と交際し，またはいかがわ
　　　　　　　しい場所に出入りすること

　　　　　ニ　自己または他人の徳性を害する性癖のあること

　成人の場合，犯罪とされるのは何かしらの犯罪行為をすでに行った場合である。しかし，少年においては，「ぐ犯」というまだ犯罪行為を行っていないが問題行動を繰り返しており，このままの状態が続くと，犯罪・触法行為に至る虞（ぐ犯の「ぐ」は，この「虞」という字である）があるという場合にも，犯罪・触法行為があった場合と同様とされる。

　なお，2022年４月１日に施行された改正少年法により，18歳以上20歳未満の少年は，「特定少年」とされ，これらの少年には，原則として検察官送致に付される原則逆送対象事件として，強盗罪，強制性交等罪，現住建造物等放火罪など，死刑，無期または短期１年以上の懲役・禁錮にあたる罪の事件も新たに加えられることとなった。また，ぐ犯の対象ではなくなった。

　ここまで述べてきたように，犯罪・非行は「事実」であり，それをした人の「行為」である。犯罪・非行が人の行為である以上，その行為には動機があり経緯がある。この点は，犯罪・非行にならない日常生活上の行為・行動と同じである。すなわち，犯罪・非行行為にはそれをした人の感情や認知といった器質面や心理面の特性，あるいは状況といった環境面の要因が関連しており，それらが絡み合った一つの帰結といえる。むしろ，その帰結した行為・行動が法律にふれたとき，その行為・行動は，犯罪・非行と呼ばれるといってよい。

　犯罪に関する理論には，これらの要因のどれを重視するかによって様々な理論が構築されてきており，環境や社会状況の影響を重視した理論（緊張理論，分化的接触理論など），個人の要因に重きを置いた理論（漂流理論，コントロール理論，合理的選択理論など）がある。また，ホルモンや脳機能といった生物学的要因による理論もある。さらには，大半の人はなぜ犯罪・非行をしないのかという側面からのアプローチ（社会的絆理論）もある。

　また，犯罪・非行については個人の特性が大きくかかわるため，精神疾患の診断基準を定めた**DSM-5**（Diagnostic and Statistical Manual of Mental Disorders, Fifth Edition; American Psychiatric Association, 2013 髙橋・大野訳 2014）においても関連する診断名がいくつかある。DSM-5 をひもとくと，秩序破壊的・衝動制御・素行症群には，反抗挑発症，間欠爆発症，素行症，放火症，窃盗症が

☕コラム1　受刑者に対する指導プログラム

懲役等の刑罰を受け刑務所に収容された犯罪者は，資質や環境の調査（処遇調査）が行われ，それに応じた内容と方法で処遇が実施される（個別処遇の原則）。処遇には，①作業，②教科指導，③改善指導の3種類がある。改善指導には一般改善指導と特別改善指導があり，一般改善指導では講話，体育，面接，相談助言により，罪の意識の涵養，規則正しい生活と健全な考え方，心身の健康，社会生活の心構えやスキルの付与が行われる。特別改善指導は受刑者の特性に合わせて実施されるプログラムで，「薬物依存離脱指導」「暴力団離脱指導」「性犯罪再犯防止指導」「被害者の視点を取り入れた指導」「交通安全指導」「就労支援指導」の6類型がある。薬物依存離脱指導，性犯罪再犯防止指導などでは，認知行動療法を基盤とした個別あるいはグループで実施されるプログラムが体系化されており，処遇カウンセラーなどによって実施されている。

ある。また，物質関連障害および嗜癖性障害には，その嗜癖対象物質に，大麻や幻覚薬，アンフェタミン型物質，コカインといった精神刺激薬があり，日本ではこれらの使用・乱用等が法律で禁止されている場合がある。さらに，パラフィリア（性的嗜好）障害群には，窃視障害，露出障害，窃触障害，性的サディズム障害，小児性愛障害などがある。

　これらの症状が法律を犯すものとなったとき，その当事者は，医療領域のみならず司法領域のクライエントとなる。また，知的能力障害やその他の精神疾患，自閉スペクトラム症といった発達面の障害等を背景とした社会不適応行動が，結果として犯罪・非行となることもある。

1-2　犯罪・非行の解明の意義

　人は犯罪を起こした場合，刑罰を受けることとなる。刑罰を科すことについては「犯罪という悪い行為をしたことに対する報い」という考え方（応報刑論）と，「犯罪が行われないようにするために科す」という考え方（目的刑論）がある。目的刑論には，刑罰があるということで犯罪を予防する目的と，すでに犯罪をした人の再犯を抑止する目的がある。

　再犯防止は，国の重点課題の一つとなっており，2016年，再犯の防止等に関する施策を総合的かつ計画的に推進し，国民が犯罪による被害を受けることを

防止して，安全で安心して暮らせる社会の実現を目的に「再犯の防止等の推進に関する法律」が施行された。また，この法律にもとづき，2017年12月に「再犯防止推進計画」が，2023年3月に「第二次再犯防止計画」が閣議決定された。第二次の計画では，「就労・住居の確保」「保健医療・福祉サービスの利用の促進」「学校等と連携した修学支援の実施」「犯罪をした者等の特性に応じた効果的な指導の実施」「民間協力者の活動の促進」「地域による包摂の推進」「再犯防止に向けた基盤の整備」の7つが重点課題とされている（法務省，2023）。

　他方，非行の場合は刑罰ではなく，少年の健全育成を目的にしており，保護的，教育的方法によって性格を矯正するとともに，生活環境を調整するなどして非行性を除去し，非行のない社会生活を送れるようにすることを基本理念としている。これは，**非行少年**が人格の発達途上にあって可塑性に富み，環境の影響を受けやすいところがあるため，良くも悪くも変化が生じやすいということによるものである。これをふまえて非行に関連する諸機関では，様々な方法で再犯防止に向けた非行少年への支援を実施している。

　犯罪者にしても非行少年にしても，再犯を抑止するためにはクライエント本人に即した支援を行う必要がある。そしてそれを計画するためには，クライエント個々人に対する心理社会的アセスメントが不可欠となる。この犯罪者，非行少年に対する心理社会的アセスメントは，「犯罪・非行のメカニズム」の解明が中核となる。

　たとえば，多くの人は欲しいと思う物があっても，それを盗みはしない。腹が立つことがあっても殴るようなことはない。また，欲しい，腹を立てるという感情が湧くときとそうでないときの状況や事情も人によって異なる。犯罪・非行のメカニズムを解明するということは，その人がなぜそれを欲しいと思ったり，それに腹を立てたりしたのか，そしてどうして盗む，殴るといった法を犯す行動をしたのかを明らかにすることである。犯罪・非行は，クライエント個人の問題性と問題状況が如実に反映されて顕在化したものであり，そこには，個人の特性や事情，価値観，物の考え方，そしてその背景にある日常生活への意識や人間関係，生い立ちといったものが関係している。

　このように犯罪・非行は，**生物学的要因，心理学的要因**および**社会学的要因**が複雑に絡み合い，相互作用の中で増幅された結果であり，複数の要因の総和以上の現象と表すことができる（瀬川，1998）。そのため，犯罪・非行をめぐる心理社会的アセスメントにあたっては，犯罪・非行行為がどのようにして引き起こされたのかという「犯罪・非行発生のプロセス」（機序）と，犯行があった時期に当事者が置かれていた「犯罪・非行発生の状況」（構造）を解明することが必要となる。これらを多角的に解明することは，犯罪・非行に至ったプロセスから抜け出すため，すなわち，再犯に至るのを防ぐための具体的な支援を見出し，計画して実行することを可能にする。ここに犯罪・非行のメカニズムを解明する意義がある。

2　犯罪・非行のアセスメントと支援

2-1　犯罪・非行発生のメカニズムの解明

　犯罪・非行の要因には，本人の精神疾患や障害といった生物的（器質的）なものや，認知特性やパーソナリティ，価値観など本人の内的（心理的）なものがある。また，クライエントを取り巻く周囲といった外的（社会的）なものもある。先述したように，非行少年は，今後大きく成長し変化する可能性（可塑性）があるため，非行少年への支援は，少年本人の内的（心理的要因）な成長や変化を促すこと，またそれにとどまらず，家族をはじめ少年に影響をもたらす周囲（社会的要因）を改善することが大切になる。これらの要因の中でも，心理的要因は，自身の生物的要因や社会的要因の受け止め方（認知）にかかわることであり，本人に直接変化を促しやすいことから重要となる。

　このように，犯罪者・非行少年の支援にあたっては，犯罪・非行行為がどのようにして引き起こされたのかという犯罪・非行のメカニズムの解明が肝要となる。なお，坂野（2013）は，次のような**生物―心理―社会モデル**（Engel，1977）をベースにした「犯罪・非行のメカニズムモデル」を示し（図11-1），どこを変えることで，犯罪・非行に至るのを防ぐことができるのかをアセスメ

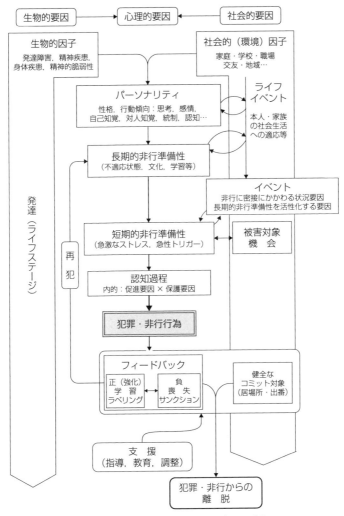

図 11-1　犯罪・非行のメカニズムモデル

（出所）坂野（2013）をもとに筆者作成

ントをする側が理解するだけでなく，本人も認識できるようにすることが大切である旨を述べている。

☕️ **コラム２　犯罪被害者** ❮❮❮❮❮❮❮❮❮❮❮❮❮❮❮❮❮❮❮❮❮❮❮❮❮❮❮❮❮❮

　人が犯罪の被害に遭った場合，身体面への影響として，直接受傷したり，その後遺症が残ったりすることがある。心理面への影響としては，犯罪被害直後には，精神的ショックのために茫然自失の状態になったり感情の鈍麻が見られたりすることがある。また，自責の念を抱いたりうつ症状や思考力の低下がみられたりすることもある。これらの心理的なことを背景に，心拍数の上昇，冷や汗，手足に力が入らない，過呼吸というような身体的な症状を呈することや，頭痛，めまい，吐き気，嘔吐，胃痛，食欲不振，下痢・便秘といった不調，だるさ，疲れやすさ，微熱が続くこともある。女性の場合には，月経異常がみられることもある。さらには，PTSD や解離状態（自己像の統合性が失われている状態）になることもある。こうした心身への影響は被害直後だけでなく，中長期に及ぶこともあり，「事件に関することが頭の中によみがえってくる」フラッシュバックが起き，気持ちの動揺や混乱が続いたり離人感の状態が体験されたりすることもある。さらに，これらのために家族をはじめとする人間関係や就労など社会生活全般に支障をきたすこともあり，犯罪被害者には，途切れのない多角的な支援が必要となる。

❮❮

2-2　犯罪・非行をした人への支援の原則

　犯罪・非行のメカニズムが解明されると，それにもとづいて具体的な支援が検討される。犯罪者・非行少年への効果的な支援を展開するための原則として，リスク・ニード・レスポンシビティ原則にもとづく方法論（**RNR モデル**）（Bonta & Andrews, 2017 原田訳 2018）が採用されることが多い。このモデルは，**リスク原則**（risk principle），**ニード原則**（need principle），**レスポンシビティ原則**（responsivity principle）の３つから成る。リスク原則とは，クライエントの再犯リスク水準と支援のマッチングに関するもので，リスクのレベル（高低）と支援の水準（強弱）の２つがマッチした支援が最も効果があるとする原則である。ニード原則とは，支援の目標の選択，優先づけに関するもので，犯罪・非行の誘発要因となりやすく，かつ変容可能な動的リスク（犯罪誘発ニーズ）に焦点づけた支援を優先的に実施することが効果を高めるという原則である。レスポンシビティ原則とは，最適な支援方法に関するもので，クライエント個々の特徴や特性に最も響く支援方法を計画し実行することが効果的であるという原則である。実際の支援では，これら３つの原則にかかる要素を客観的

に評価したうえで，原則にかなう支援プログラムを計画し実施していくことになる。

　他方，このモデルにもとづく支援では，リスクの低減に主眼が置かれるため禁止や回避を伴うものが多くなり，クライエント自身の意欲が低下したり，主体性の回復が阻害されたりするという課題が指摘されている。この点をふまえて，「こうありたい状況」「なりたい自分」につながる財（goods：知識や技能，機会など）を，犯罪ではなく社会で認められる健全な手段で入手できるように方向づける支援のモデルとして，**グッド・ライブズ・モデル**（good lives model：GL モデル）が提唱されている（Laws & Ward, 2011 津富・山本訳 2014）。このモデルでは，財を獲得する①手段，②計画，③技能（内的能力）や現実性（外的問題）の問題，④獲得しようとしている財の間の葛藤の有無についてアセスメントし，クライエントが，その長所を基盤として，財を獲得できる能力を向上，開発していけるように支援していくことが基本になっている。

3　実例に見る犯罪・非行のアセスメント

3-1　事例の概要

　以下の事例は，プライバシー保護に配慮し，本質を損なわない限りにおいて改変を加えている。クライエントは，18歳の女性A子さんである。A子さんは，覚醒剤の所持と使用（覚醒剤取締法違反）で逮捕された。A子さんは，定時制高校を中途退学し，無職で，事件の10日ほど前に母親と喧嘩をして家出をし，交際相手の知人の家で生活していた。

非行の概要

　A子さんがはじめて覚醒剤を使用したのは本件の約１年前で，繁華街で遊びに誘ってきた男性たちから，栄養剤であると騙されて注射されたことによる。その後半年あまり使用はなかったが，本件の５か月前，女友だちの覚醒剤購入に付き合った際，自分の分も購入して使用した。その後は，いわゆる売人から自ら購入して注射による使用を繰り返すようになった。現在の交際相手と交際

181

を始めてからいったんやめたが，自宅で以前購入した残りを見つけたことから再開するようになり，逮捕の2か月前からはほとんど毎日使用していた。使用を再開させると，幻覚を体験したり気分がイライラしたりすることが多くなっていた。

家族は，A子さんと両親，兄の4人であった。父はアルコール依存症，母はうつ病を患っており，子どもの養育はほとんど放任であった。

3-2　心理検査

検査の目的

A子さんは，明るく元気にふるまうが，都合の悪いことや嫌なことは避けており，その態度には虚勢が感じられた。同時に，周りの人に対して依存的な感情を向けてくるところも強かった。面接では，虚勢的な態度で防衛する構えが強かったため，A子さんの特性を的確に把握する目的で，心理検査（**ロールシャッハテスト**，**描画法（統合型HTP法）**）を実施した。

検査結果・解釈

ロールシャッハテストの結果から読み取れる特徴は次の通りであった。なお，実施方法，スコアリング，解釈は，「片口法」に準拠している。

反応数（R）は34と非行少年としては多く，反応時間，平均初発反応時間（各図版を見て反応するまでの時間）は3.4秒（モノクロカードの平均＝4.0秒，カラーカードの平均＝2.8秒），反応の種類（Content Rang）が9ということからしても，想像力があり知的な資質は高い。ただし，初発反応時間の速さからすると防衛として過剰に反応していることも推察される。また，反応領域（反応した図版の場所）の比率は，ブロットの比較的まとまりをもった部分に対してなされる部分反応（D, d）に比べて，ブロットの全体に対する反応，あるいは，基本的にブロットを全体として把握しようとする態度にもとづく反応である全体反応（W）が圧倒的に多く（W：D＝25：6，W％＝74％，Dd＝0％），主体的ではあるが，野心的なところがうかがえる。図と地を逆にとらえ，白の部分を図形としてみる空白反応（S）も少なくない（9％）が，内容を吟味すると，

部分反応に代えて反応しているところがあり，警戒心や反抗心が示唆される。また，運動，色彩，濃淡などを含まず形態のみによって決定された純粋形態反応が多く（F％/ΣF％＝49：97，F＋％/ΣF＋％＝66：55），客観的で冷静で心理的に距離をもって外界を見る傾向が強い。

　運動因子（M）と色彩因子（C）の関係から内的な精神活動と外界への関心の2つの軸によって分類される体験型は，M：ΣC＝10：2.25で内向型であり，感情の反応性も高くないため，内向的傾向が高いといえる。空白反応（S）の出現があることを合わせて考えると，何事も自分の考えで進めようとする傾向が強く，周囲に意見を求めたり心情など内的な感情を吐露したりいうことは少ないと考えられる。他方，人間反応（H）が約40％と比較的多く（H％＝38％），対人希求性は認められる。内向型で人間運動反応（H）が多いことを考え合わせると，他の人に関心を示しても自己開示することや，感情表出することは乏しい可能性がある。

　平凡反応（P）数は相応に認められ（P（％）＝6（18％）），認知の偏りは大きくない。ただし，総反応数に比べると少ない。平凡反応は，とくにⅠカードは，反応数が4であるのに対して，平凡反応が1と比較的少なく，常識への嫌悪あるいは，反抗的な傾向がある可能性もある。

　描画法—統合型HTP法ではA4判の画用紙と鉛筆を渡し，「家，木，人の3つを使って絵を描いてください。この3つが入っていれば，あとは自由です」と教示したところ，A子は，鉛筆に手を伸ばし，「太陽とか描いてもいいですか」といって描き始め，10分ほどで完成させた（図11-2）。

　描画後，説明を求めると「でっかい太陽は，父母の期待，月と星は彼氏や悪い友だち」と自分のことと結びつけて話した。

　3つのアイテムは画面中央に羅列して描かれているが，アイテムを構成できないというよりは，3つを寄り添うように配置して描きたかったためと考えられた。各アイテムとも細部もしっかりと描写されており，能力的に大きな問題は認められない。ただし，筆圧が強いわりにいずれのアイテムも小さく描かれ，自己矮小感や自信の乏しさがうかがえる。また，能力が現実場面で十分に発揮

図 11-2　A子の描画

（注）筆者が模写したもの

できていない閉塞感があるとも推察される。太陽，月などが付加されているが，それらと他のアイテムとの大きさはアンバランスで，現実検討力の乏しさ，主観性傾向の強さもうかがえる。また，A子さんの描画後の説明を加味すると，太陽や月の大きさからは，現実の生活の中で，父母と友人の双方からのプレッシャーの間で板ばさみになっており，つらい状況にいることが読み取れる。

3-3　事例の見立て・支援方針

　心理検査の結果や，今回の事件のメカニズム，その他家庭や生育歴に関する情報からは，A子さんについて次のように理解できた。

　A子さんの薬物使用の態様（使用期間，頻度，方法）からすると，その依存性はかなり進行している。A子さんには，自信の乏しい，気の弱いという傾向が顕著である。そのため，内心依存心が強いものの，素直に他の人を頼ること

ができないところがある。また，現実場面ではこの面を意識から切り離し，明るく活動的にふるまっている。また，こうすることで周囲の歓心を買って依存心を満たしている面もある。このような心性は，父母の放任な養育態度が影響しており，現在も父母との安定した関係を持てずにいる。Ａ子さんにとって薬物は，このような情緒的に安心できない現実からの逃避，防衛としての過活動の亢進のための格好の手段であったといえる。

　このアセスメント結果から，Ａ子さんが今後健全な社会生活を送れるようにするためには，健康状態への医療的ケアを提供するとともに，受容的な対人関係の中で，信頼感を涵養し，自信を持てるようにすること，不快なものであっても自己の情緒や感情を受け止められるようになることを意識した心理的支援が必要といえる。

3-4　司法領域の心理的アセスメントのまとめと留意点

　司法領域のクライエントである犯罪者，非行少年への心理的アセスメントにおいて，引き起こされた事件（犯罪・非行）は，クライエントの特徴や特性が最もよく表されたものであり，そのメカニズム（状況とプロセス）を解明することが心理的アセスメントの核となる。事件（犯罪・非行）は社会生活，人間関係の中で引き起こされる怨恨や憤怒，ストレスなどの心理状態によって発動される。またその心理状態は，パーソナリティ，認知様式，価値観といった心理特性はもちろん，精神疾患や精神・発達障害といった器質面の特性によって影響を受ける。すなわち，犯罪・非行のメカニズムを解明するためには，生物・心理・社会の各要因とそれらの関連という視点をもってアプローチすることが不可欠となる。そして，そのアプローチにあたっては次の４点に留意する必要がある。

　一つ目は，クライエントは「支援への動機」が乏しいことである。司法領域のクライエントである犯罪者，非行少年は，逮捕され，裁判・審判に付され，刑罰や処遇を付されるという受身的な立場に置かれており，自らを良くしたいと思って支援の場に現れることは少ない。そのため，支援に対する動機が乏し

く，心理的アセスメントについても意義を認めていることが少ない。むしろ，悪い点を暴かれ，量刑や処分がいっそう重くなるのではないかと，防衛的な構えを強めるところがある。的確なアセスメントのためには，支援のためのアセスメントであるという目的を十分に理解してもらって，クライエントと信頼関係を構築するとともに，実施時には，心理検査等の必要性やフィードバックを含む活用について十分に説明を尽くすことが肝要となる。

　二つ目は，アセスメント結果の解釈には，アセスメントが実施された「場の構造の影響」の十分な考慮が必要なことである。犯罪者，非行少年へのアセスメントは，判決・処分に関連してくることが多い。とくに判決・処分がされる前でのアセスメントで，クライエントは対応によっては判決，処分に不利な影響が及ぶ懸念を持ち，過度に防衛的になったりするところがある。心理検査の結果には，このようなアセスメントが実施された状況（場の構造の影響）があることを考慮する必要がある。また，結果の解釈や精神状態の評価にあたっても，こうしたアセスメントがなされている場の構造の影響を考慮することが不可欠となる。

　三つ目は，問題点にばかり着目しがちになることへの留意が必要なことである。犯罪・非行は悪いことで，犯罪者，非行少年は悪いことをした人である。そのため，往々にして悪い点（＝改善すべき問題点，課題）にばかり着目しがちになる。しかし，それらの人も，悪い面ばかりではないはず，長所や評価できる面（強み）もある。アセスメントは，「再犯の危険性の評価」や「処遇のポイントの探索」のために行われる。先に示したGLモデルによる更生支援を検討するためにも，矯正すべき問題点のみに着目するのではなく，長所や発揮できる能力も含めて多角的にアセスメントする視点が不可欠となる。

　四つ目は，他の職種に適切に伝わるよう報告に工夫が必要なことである。司法領域の手続は，警察，検察庁，裁判所，刑務所・少年院，保護観察所，学校等，多岐に及ぶ。その中で刑事手続・少年審判手続に関係する専門職は心理職だけではない。裁判官や弁護士などの法律の専門職，社会福祉士，精神保健福祉士，医師，看護師，教員など福祉，医療，教育領域の専門職がいる。また，

一般市民から選出された裁判員がいる場合もある。アセスメントの結果は，こ
れら**多職種連携**が適切になされるよう，かかわる様々な職種に正確に理解され
る必要があり，専門用語の使い方への留意など，わかりやすい記載が求められ
る。

❖考えてみよう
・犯罪・非行の加害者がいるということは，他方に被害者が存在するということ
　である。これらの対立的な立場にありがちな両者が存在することをふまえて，
　加害者に対する更生支援はどうあるべきか，考えてみよう。
・犯罪，非行があったとき，その家族（親やきょうだい，配偶者や子など）はど
　のような立場に置かれるのか，そしてその支援はどうあるべきか，考えてみよ
　う。

もっと深く，広く学びたい人への文献紹介
藤岡　淳子（2020）．司法・犯罪心理学　有斐閣
　　☞定義から始まり，諸理論，処遇システム等，犯罪・非行に関する事項が，
　　　心理学をはじめ法律学や社会学など様々な観点から概説されており，司法
　　　領域に関する基礎を学べる。
門本　泉（2019）．加害者臨床を学ぶ　金剛出版
　　☞犯罪加害者を対象とした臨床とはどのようなものか，実際に面接者として
　　　臨んだときに遭遇する種々の事柄，司法領域で活動する心理職のあり方な
　　　ど，この領域における臨床の本質を考えさせてくれる。
廣井　亮一（編著）（2015）．家裁調査官が見た現代の非行と家族　司法臨床の現
　　場から　創元社
　　☞種々の少年非行，本章で取り上げらなかった離婚等，家事事件について，
　　　事例を通して，その背景にある心理社会的な課題が考察されている。実例
　　　を知ること，また，実践における心理学の知見の活用について学ぶことが
　　　できる。

引用文献

American Psychiatric Association (2013). *Diagnostic and Statistical Manual of Mental Disorders* (5th ed.). Washington, D. C.: American Psychiatric Association Publishing.
（アメリカ精神医学会　髙橋　三郎・大野　裕（監訳）（2014）．DSM-5　精神

疾患の診断・統計マニュアル　医学書院）

Bonta, J., & Andrews, D. A.（2017）. *The Psychology of Criminal Conduct 6th edition*. London: Taylor & Francis Group.
（ボンタ，J.・アンドリュース，D. A.　原田　隆之（訳）（2018）. 犯罪行動の心理学［原著第 6 版］　北大路書房）

Engel, G. D.（1977）. The Need for a New Medical Model: A Challenge for Biomedicine. *Science, 196*, 129-136.

法務省（2023）. 第二次再犯防止推進計画　https://www.moj.go.jp/content/001392984.pdf（2023年 7 月 1 日閲覧）

Laws, D. R., & Ward, T.（2011）. *Desistance from sex offending: alternatives to throwing away the keys*. New York: Guilford Press.
（ローズ，D. R.・ウォード，T.　津富　宏・山本　麻奈（監訳）（2014）. 性犯罪からの離脱　―「良き人生モデル」がひらく可能性――　日本評論社）

坂野　剛崇（2013）. 少年事件のアセスメントに対する生物心理社会モデルの適用に関する一考察　家裁調査官研究展望,（40）, 17-34.

瀬川　晃（1998）. 犯罪学　成文堂

第12章　産業・労働領域の心理的アセスメント
——労働者のメンタルヘルス不調の事例をふまえて

坂中尚哉

　筆者は，産業・労働領域における公認心理師による心理的支援の中核は，「人が働く意味の支援」であると考えている。公認心理師自身も社会の一員として働く意味を模索しながら，他者や社会から必要とされる現実をともに歩んでいるからである。

　産業領域での公認心理師の取り組みの内容は多岐にわたるが，その中でも個人および組織をアセスメントできる専門性が問われる。適切な心理的アセスメントによる心理臨床活動が，よりよい心理的支援につながることはいうまでもない。本章では，産業・労働領域における**心理的アセスメント**の要点を述べる。

1　職場のメンタルヘルスの現状と課題

1-1　労働者のメンタルヘルスの現状

　「令和3年労働安全衛生調査（実態調査）の概況」によると，仕事で強いストレスを感じる労働者の割合は53.3％に上っており，そのストレス要因としては順に，「仕事の量」43.2％，「仕事の失敗・責任の発生等」33.7％，「仕事の質」33.6％，「対人関係（セクハラ・パワハラを含む）」25.7％，「会社の将来性」20.8％，「役割・地位の変化等（昇進，昇格，配置転換等）」17.9％，「顧客，取引先等からのクレーム」17.7％，「雇用の安定性」11.9％と報告されている（厚生労働省，2022）。年齢階級別に見ると，30〜39歳未満が59.5％と，高い水準であった。そして，ストレスを感じている人のうち，実際に誰かに相談した

表 12-1　職場のパワーハラスメントの行為類型

①	身体的な攻撃	暴行・傷害
②	精神的な攻撃	脅迫・名誉毀損・侮辱・ひどい暴言
③	人間関係からの切り離し	隔離・仲間はずし・無視
④	過大な要求	業務上明らかに不要なことや遂行不可能なことの強制，仕事の妨害
⑤	過小な要求	業務上の合理性なく，能力や経験とかけ離れた程度の低い仕事を命じることや仕事を与えないこと
⑥	個の侵害	私的なことに過度に立ち入ること

（出所）厚生労働省（2012）

　人が69.8％だった。相談した相手として多く挙げられたのは，「家族・友人」71.5％，「上司・同僚」70.2％であり，「産業医」1.8％，「保健師」2.2％，「カウンセラー等」0.4％と産業保健スタッフへの相談の割合が低いことが読みとれる。

　昨今，急増する相談として職場の「いじめ・嫌がらせ」や「パワーハラスメント」（以下，両者を合わせてパワハラと略記）が挙げられる。**パワハラ**とは，「同じ職場で働く者に対して，職務上の地位や人間関係等の職場内の優位性を背景に，業務の適正な範囲を超えて，精神的・肉体的苦痛を与える又は職場環境を悪化させる行為」（厚生労働省，2018）と定義されているが，職場のパワハラの「業務上の適正な範囲」とはどのような状態のことを指すのだろう。

　厚生労働省は2012年に「職場のパワーハラスメントの予防・解決に向けた提言」を取りまとめ，どのような行為が職場のパワハラにあたるのかを6つの行為類型（表12-1）で示している。

　①～③は明らかに法的に問題となる行為である一方，④～⑤はパワハラと認定されるかは，職場によって異なる等，一律に規定することは難しい。たとえば，④の過大な要求の場合，部下の育成上，質的もしくは量的に多少過重な業務を与え個人の能力を高めることを意図したケースもある。しかしながら，部下育成という名目が上司の独りよがりでは，問題が生じ部下がパワハラと認識することになる。実際の業務遂行にあたっては，上司は部下に仕事の指示をする際に，その業務の目的や意図等を丁寧に事前に説明すべきものであり，上司

一部下間において，適正な範囲の仕事の質・量に関する合意形成をしておくことが望ましい。

パワハラに直面している従業員は，メンタルの課題を抱えることになる場合が少なくない（日本産業精神保健学会，2013）。そのため，公認心理師は産業医や産業保健スタッフと協働しつつ，パワハラに起因するメンタルヘルス上の課題を抱える従業員の相談に対応するとともに，必要に応じて企業内の関係部署との連携をとることが求められる。

1-2　メンタルヘルスケアの法制度と公認心理師に求められる役割

公認心理師は，労働者の心の健康対策を担う専門職チームの一員として，まず**労働安全衛生法**（以下，安衛法）を理解するとともに，労働者と使用者の労働契約によって労働条件が決定される**労働基準法**（以下，労働法）を理解することが求められる。

労働法は，労働条件の最低基準を定め，労働者と使用者が対等の立場によって労働条件を決定することを理念として1947年に制定された。とりわけ，賃金・労働時間・休憩・休日・時間外休日労働・深夜労働・年次有給休暇・解雇の制限等について規定している。労働法の他に，労働組合法（1945年制定，1949年改正）および労働関係調整法（1946年制定）を加えた3つの法規は，労働者の権利を具体的に定めた法律であり，「労働三法」とも呼ばれる。

一方安衛法は，職場における労働者の安全と健康を守り，快適な職場環境の形成の促進の達成を目的とする法律であり，1972年に制定された。安衛法では，労働災害防止計画，安全衛生管理体制，労働者の危険または健康災害を防止するための措置，機械ならびに危険物および有害物に関する規則，労働者の就業にあたっての措置，健康の保持増進のための措置，快適な職場環境形成のための措置，安全衛生改善計画等について定めている。このように，安衛法をはじめとする労働安全衛生法令においては，事業者の講ずべき具体的な措置が規定されている。そして，2007年に制定された労働契約法第5条には，「使用者は，労働契約に伴い，労働者がその生命，身体等の安全を確保しつつ労働すること

ができるよう，必要な配慮をするものとする」ことが示され，「**安全配慮義務**（労働者の安全への配慮）」の「必要な配慮」について具体的に規定している。安全配慮義務違反の成立には，①労働災害の予見性，②労働災害の発生という結果を回避する義務を果たしているか，③安全配慮義務違反と労働災害発生との因果関係，の3つの要件が考慮されうる。

　また，2005年の安衛法の改正に伴い，「労働者の心の健康の保持増進のための指針」（以下，メンタルヘルス指針）が事業者の努力義務となった。この指針によると，事業場では，**ストレスチェック制度**の活用や職場環境等の改善を通じて，メンタルヘルス不調を未然に防止する「一次予防」，メンタルヘルス不調を早期に発見し，適切な措置を行う「二次予防」，そしてメンタルヘルス不調となった労働者の職場復帰の支援等を行う「三次予防」が円滑に行われるようにする必要がある。

　産業・労働領域における公認心理師の就労先として，主に①事業場内産業保健スタッフ，②事業場と契約する従業員支援プログラム（Employee Assistance Program：EAP）機関のカウンセラー，③精神科デイケア等のリワークプログラムスタッフ等が想定される。小坂（2019）は，**初回面接**（インテーク面接）におけるアセスメントの目的として，①自殺予防，②出勤状況に影響しうる精神疾患（うつ病，躁うつ病，統合失調症等）や身体疾患が疑われる状態への迅速な対応，③職場不適応・キャリア発達の問題（心身不調との関連の程度の強弱等）への対応，④個人を取り巻く部署，または組織全体の問題への対応，の4点を指摘している。

　このように産業・労働領域の公認心理師の働き方は多様であり，初回面接における個人および組織のアセスメントは，心理的支援の入り口であり公認心理師の専門性が発揮される場である。

　次節以降では，産業・労働領域の心理臨床の実際について，実際の事例をプライバシーに配慮して一部改変しながら紹介する。

2　産業・労働領域での心理臨床の実際

2-1　産業心理臨床の進め方

　筆者は，企業内のカウンセラーとして産業心理臨床に携わっている。相談者は，職場内の対人関係の問題，重要なプロジェクト後の燃え尽き症候群，配置転換や昇進等の職場環境の変化などに伴う，心身の不調を訴え自発来談する。また，産業医や保健師等の産業保健スタッフからの紹介を受けて来談に至るケースも多い。

　乾（2011）によれば，産業心理臨床とは「産業場面での個人，職場組織および企業体に対して行われる心理臨床活動を総称したものであり，臨床心理学をその実践の基盤学問としているが，それに加えて産業組織心理学・社会心理学・応用心理学等の心理学領域をはじめとして，力動精神医学，産業社会学，そして人間および環境工学等の近接分野との濃厚な内的交流をその基盤にして実践が行われる」と定義する。

　相談室へ来談に至る職場の不適応状態は，大きく 2 つに分けられる（乾，2011）。はじめに，明らかな精神疾患が原因で，職場での適応不全や問題行動を起こしている状況である。たとえば，ミスの増加，作業効率や労働意欲の著しい低下，長期欠勤，被害念慮を含む対人関係上のトラブルや自殺企図等である。二つ目は，労働者自身が仕事をする自信の欠如や心理的エネルギーの枯渇した状況等の「内的不適応感」を訴える場合，もしくは食欲不振や胃部不快感，不眠傾向，倦怠感，下痢症状等の「身体的愁訴」により，内科的受診を経ても改善傾向が見られず，医者より「ストレスも関係しているのではないか」と助言され来談に至る場合である。

　上記のように，産業心理臨床では職場環境における心理的・身体的な適応にかかわる相談が持ち込まれる。公認心理師はまず，来談者の主訴を手がかりに，従事している業務内容や立場（役職の有無等），そして職場の風土や来談者を取り巻く仕事に関する具体的な語りを通じて，個人および組織のアセスメントを

193

行うことになる。

　来談者の仕事にかかわる内容は，公認心理師にとって通常聞きなれない言葉（業務に特化した言葉）が多く，彼らの従事する仕事を具体的にイメージすることの難しさを痛感する。そのため，仕事での様子や業務内容を可能な限り詳細に尋ねながら，来談者の働く様子をイメージするように心がける必要がある。あるシステムエンジニアの男性は，「プログラムしたものがうまく起動しない。プログラムのシステムづくりに時間がかかる」と訴え，面談では専門的な業務内容を仔細に語る中で「プログラムがうまく起動しないのと同じで，人間関係もうまく作れない」ことに話題が広がり，徐々に「上司に困っていること，わからないことを聞けた」等の人間関係の変化とともに仕事も改善する事例があった。このように仕事の語りは同時に来談者自身の内的な課題と重なっている場合もあるために，仕事のうまくいかなさはカウンセリングへの来談の切符であるとともに，来談者の自己実現の道程の歩みと考えられる。とりわけ，公認心理師にとって産業心理臨床は，来談者とともに「働くこととは何か」を相互に考える場となる。中西（1995）は「自分にとって仕事とは何なのか，社会の中で仕事を通じて，自分はどのような存在であるのか，ありたいのかという個人の意識，あるいは職業を通じて自分らしさを確かめ，自分らしさを育てていく職業的姿勢」を「**職業的アイデンティティ**」と定義する。しかし，近年の働く個人を取り巻く環境の変化により，個人は自分では統制できない雇用環境において，自分が何者であり，誰のためにどこに向かい働くのかという，「職業的アイデンティティ」の感覚が持てない状況に陥っている（正木，2012）との指摘もある。日本の平均寿命や健康寿命の延伸や少子高齢化社会，年金支給年齢の段階的な引き上げ，近年のコロナ禍に伴う生活様式の変化等の社会構造を見据えるならば，労働者における職業的アイデンティティの多様化は必至である。このことからも，公認心理師は来談者との「働くことの意味」に関する対話を通じて，彼らの「職業的アイデンティティ」の模索の同行者になるといえる。

2-2　アセスメントの実際

初回面接（インテーク面接）は，来談者と公認心理師の出会いの場であり，どのような心理的支援ができるのかをアセスメントするための最初の重要な面接である。

伊藤（2011）によると，「初回面接の『初回』という言葉は，クライエントとセラピスト双方にとって，『はじめての』面接，はじめての出会いという意味がある。すなわち，クライエントの主体性を包含した言葉である。さらに重要なことには，『初回』とは，2回目からの面接を想定した言葉であり，次回からの面接に向けての『初回』である。つまり，後に続く心理療法過程のための面接といってよかろう」と述べており，初回面接は面接の継続を見据えた出会いの場である。以下に，初回面接時に心得ておきたいポイントを列記する。

主　訴

産業・労働領域の相談に限らずクライエントが相談機関を訪れるときには，そこには何らかの**主訴**が持ち込まれる。産業・労働領域では，自発来談に加え，産業医や保健師等の産業保健スタッフや上司からの勧めといった非自発的な来談があることが特徴で，その場合クライエントは「産業医にいわれたから」や「上司からカウンセラーに相談してきなさいと指示されたから」と不本意さに言及する。たとえ「上司からいわれたからしぶしぶきた」という**来談動機**であっても，まずは相談室に来談したことを労いつつ，「不本意さ」の訴えに全力をあげてコミットすることが求められる。なぜなら，「来たくなかったのに，なぜ来ないといけないのか」という「不本意さ」そのものが主訴であると考えられるからである。

具体的な仕事の内容

来談者の主訴を丁寧に聞き取る中で，職場での人間関係，直属の上司との関係，仕事内容，仕事の負荷，残業時間等の仕事をめぐっての具体的な状況を把握することが大切になる。また，部署内のユニット編成のみならず会社全体の組織風土をアセスメントするための情報収集も必要である。

心身の体調面

　産業・労働領域では，うつ病等の精神疾患の把握および自殺のリスク管理の視点が必須である。一般的に，うつ病・うつ状態では不眠は必発であり，プライマリ・ケア[1]におけるうつ病・うつ状態の早期診断・早期治療に一役買うためにも，日中の眠気，入眠・中途覚醒・早期覚醒等の睡眠時間と睡眠の質に加え，全身倦怠感・集中力低下・不安・イライラ等身体的精神的症状に注視することは重要となる。

生育歴（学歴）・家族等

　筆者の勤務する企業の相談室では，来談者の主訴をきっかけに対話を進めるにあたりで，初回面談時には，氏名・住所・部署・連絡先・主訴・来談経緯（自発あるいは産業医等の紹介）・家族構成・医療機関への受診状況・既往歴等の相談申込用紙の記入を求めている。同時に，面談の**守秘義務**の取り扱いについて説明し来談者の同意を得ることにより，生育歴や学歴等の詳細かつ非常に個人的な内容を自然に聞き取ることが可能となる。

　筆者は生育歴を尋ねる際，最終学歴や職業選択の経緯に関心を寄せている。なぜなら，大学や大学院での学修内容は来談者のキャリア形成の嗜好性を反映しており，来談者の「職業的アイデンティティ」が色濃くにじんでいる。職業選択にあたっても，その選択の本意さ・不本意さをめぐる物語を聴取することができると，来談者の主訴の背景を理解することに役立つと考える。

3　産業・労働領域での事例

3-1　事例1──自殺未遂後に来談に至った男性A

　研究職のAは，語学が得意なため，海外の研究者とも交流をはかり，上司か

──────────
➡1　患者が最初に接するケアであり，患者の医療機関受診という患者の行動軸を基盤とする。精神科医療においては，うつ病を早期に診断して，治療へと導入することが必須であるが，その際，睡眠と食欲の確認についで，うつ病の診断上最も重要な「抑うつ気分」と「興味関心の低下，楽しく思える気持ちの欠如」を尋ねることがうつ病のスクリーニングとして重要である。

らの期待も大きかった。しかし，入社5年目頃に出張先のホテル内で自殺を試みているところを発見された。その後，精神科受診を経て産業医による紹介を受け，Aとカウンセラーの面談が始まった。ぽつりぽつりと「なんか生きるのがつらくなって」と衝動的に死にたくなった理由を語り，しばらく休職することになった。一人暮らしであったAは，休職中親元での生活を求め，いったん実家に帰った。休職中の過ごし方はいたってシンプルな生活であった。昼夜逆転をしないこと，3食をとること，軽い運動をすることを心がけており，3か月ほどの休職を経て復職を果たした。復職後は，出張や残業の禁止といった就業制限のもと，6時間の時間短縮就業を3か月行った。

　休職中の面談では，仕事の話はもちろんであったが，Aの趣味でもあった将棋やスポーツ，ゲーム等の話題を繰り広げていった。印象的であったのは，「お灸を始めたんです」と自身の身体をケアする工夫がしばし語られ，「これまであまり自分を労わっていなかったように思います」「ちょっと生き急いでいたようです」と自身のこれまでの生き方をふり返る語りがあった。復職後の就業が安定し，再び研究職として活躍している様子であることから，復職後1年を目処に面接を終了した。

事例1のポイント

　Aのような自殺未遂の事例の場合，主治医や産業医との連携は不可欠であり，慎重にかつ迅速に対応する必要がある。自殺の手段（普段より多めに薬を飲んだ，リストカットをした等）によっては，医療者を含めた周囲の人々は「本気で死のうとしていないのでは」といった感情を抱く可能性もある。公認心理師はまず，①自殺の危険因子，②自殺行動の背景に存在する可能性のある精神疾患の程度の見通し，③自殺行動を繰り返す危険性，④周囲の支援状況等のアセスメントをする必要がある。とりわけ一人暮らしの場合には，可能な限り親元等の複数の見守り手のある住環境を勧める必要があり，復職後の就業は，出張や残業の禁止といった就業規則にもとづいたきめ細やかな就業支援が重要となる。

3-2　事例2──休職・復職を繰り返す抑うつ障害群の男性B

　Bは理工系大学院を修了後，システムエンジニアとして就職したが，入社10年が経った頃から「朝起きられない」「やる気がなくなる」等，うつ症状を呈し始めた。その後休職・復職を繰り返し，「休職・復職を繰り返している。自分を見つめ直したい」と8回目の復職時に来談する。心身の体調を崩した最初の経緯はおおよそ以下の内容であった。入社後10年目までは，主に「図面を描く」等の設計業務を担当していたが，キャリアを積むにしたがい，「設計・開発をやりたい」思いとは裏腹に，「工程管理」や「お客様の対応」等のプロジェクト管理を任されるようになった。慣れない業務内容でありながらも，「わからない」ことを上司や同僚に聞けずに苦しみ，徐々に朝が起きられなくなり欠勤が続き，その後休職に至ったようであった。Bは，リハビリ出勤を経て復職するものの3か月と持たず，休職・復職を繰り返す状況が6年続いていた。復職後に任される業務はいずれも，休職前に担当していたプロジェクト管理業務であり，孤軍奮闘する日々であったらしい。

　面接当初，Bは「人に『わからない』ということは自分ができないことを認めることになるし，これまで『わからない』ことは努力で克服してきた」と人に頼ることをせずに仕事に取り組んでいる様子が語られており，完璧主義的な一面が色濃かった。その後，幼少を振り返りながら，父親が怖かったことに関連して「家の中がずっと緊張感で張り詰めた空気であった」こと，「長男だから，ずっと優等生でいないといけない」「自分の気持ちは人にはいってはいけない」と思っていたこと等が繰り返し語られていた。

　8回目の復職を機に来談したBであったが，その後2年間は休職することなく働くことができ，加えてうつ症状も見られなかった。最後の面談では「自分で自分を縛っていたんですね。今はわからないことはいろいろな人に聞けています」と新たな気づきを持っていられることが印象に残る。

事例2のポイント

　Bのようにうつ病を患いながら休職・復職を繰り返す労働者は多い。医療従事者が就労を許可した見立てが，職場環境の就労の適応との相違があることを

認識しておく必要がある。そのため，復職後の業務内容やその負荷の調整は重要であり，公認心理師は必要に応じて，相談者の上司に対して業務に関する**コンサルテーション**を行うことがあり，症状の再燃を未然に防ぐための環境調整も重要な役割の一つといえる。また，主治医側は一般的に，概して患者（休職者）の業務の詳細は知らない場合が多い。そのため，休職者の医学所見（現症）としての身体的所見，服薬状況，睡眠や日常生活上の状況および本人の就労意欲を勘案したうえで「就労可」との診断を出すことが多く，職場で求められる労働者としてのパフォーマンス・レベル（働ける力）を見積もっていない場合がある。事例2は，医療者側と事業場側との復職に対する認識の差異が，復職後の病状の再燃を繰り返さざるをえない要因の一つであったと考えられる。

4　ストレスチェック制度におけるメンタルヘルス対策

4-1　ストレスチェック制度の概要

　組織のメンタルヘルス対策については，各種指針やガイドラインが公表されている。厚生労働省（2006）は，労働安全衛生法第70条の2（健康の保持増進のための指針の公表等）にもとづき，「労働者の心の健康の保持増進のための指針」を公表している。具体的には，組織としての方針を明確にしたうえで，計画にもとづく**4つのケア**を提示している。①労働者自身が自分の健康を保持増進するための「セルフケア」，②管理監督者が部下の健康を管理する「ラインケア」，③産業医や保健師，心理職等による支援である「事業場所産業保健スタッフによるケア」，④職場復帰を支援する**リワーク**機関やEAP等で実施される「事業場外資源によるケア」を継続的かつ計画的に実施することを事業者に求めている。加えて，2015年12月より従業員数50名以上の事業場に対して「ストレスチェック」の実施を義務づけており，従業員の心理的な負担の程度を把握することが目的である。なお，公認心理師は，医師・保健師・看護師・精神保健福祉士と同様に，ストレスチェックの企画・実施・評価等を行う実施者としてその任にあたる。

4-2　ストレスチェックにおける公認心理師の役割

　ストレスチェック制度では，高ストレスに該当した労働者が希望した場合，医師による面接指導を受けさせることが事業場の義務とされている。しかし，厚生労働省（2017）では，ストレスチェックを受けた労働者のうち，医師による面接指導を受けた者の割合は受検者の0.6％と少なく，面接指導を希望しなかった高ストレス者へのフォローアップが課題といえる。

　山田ら（2018）は高ストレス者に対するフォローアップの一環として，心理職によるメール相談の有効性を検討しており，「産業精神保健スタッフとの面接の案内」に対して回答のあった高ストレス者のうち，「相談する」「医療・カウンセリング機関の案内」等が30.9％，「状態改善」が50.3％，「すでに通院中」が18.8％と，全体の70％近くが相談不要との結果であり，メール相談というアウトリーチが高ストレス者に対する支援方法として考えられる。加えて，森（2018）は，「医師による面接指導」の前段階において，心理職による「補助面談」を実施することについて，セルフケア支援としての可能性を示唆している。

　このように，ストレスチェックの実施は，労働者のセルフケアの向上の契機および，職場環境の改善を通じたメンタルヘルス不調の一次予防としての貢献が期待されている。しかしながら，一次予防を主目的としたストレスチェック制度であることから，本人の同意なく事業場が個人の結果を把握することはできない。森（2018）は，「医師による面接指導」を望まない理由として，「職場上司が高ストレスの情報を得ると困る」「不調であることを会社に知られたくない」等の理由があることを指摘しており，高ストレス者のメンタルヘルス不調を予防的に支援するためには，「メール相談」や「補助面談」等の心理職によるアウトリーチの展開が重要になってくる。今後，総合的なメンタルヘルス対策の充実に向けて，ストレスチェック制度の支援の工夫がさらに求められるであろう。

> ❖**考えてみよう**
> ・産業医や保健師等の他職種との連携・協働を円滑に行うにあたり，公認心理師にはどのような役割が求められるだろうか。
> ・職場の上司が，部下のメンタルヘルス不調を早期発見するためには，どのような視点が求められるだろうか。
> ・労働者の自殺後におけるポストベンション（三次予防）として，企業内の公認心理師の対応にはどのようなものが考えられるだろうか。

もっと深く，広く学びたい人への文献紹介

佐藤 恵美（2018）．もし部下が発達障害だったら　ディスカヴァー・トゥエンティワン

　　☞職場での発達障害支援に関して，職場での具体的な例を挙げながら，上司のみならず同僚や部下にも役立つ対応策がちりばめられており，大変実用的な一冊である。

日本産業精神保健学会（編）（2013）．リスクマネジメントとしてのメンタルヘルス対策――現場における問題解決のポイント――　公益財団法人産業医学振興財団

　　☞産業臨床現場で生起するメンタルヘルスの多様な事案（労災認定，パワハラ，自殺等）に対して，身近な事例を介して「予防」「対応」の観点から詳細に解説している。産業・労働領域における公認心理師の必読書。

引用文献

乾 吉佑（2011）．働く人と組織のためのこころの支援――メンタルヘルス・カウンセリングの実際――　遠見書房

伊藤 良子（2011）．心理療法論　京都大学学術出版会

厚生労働省（2006）．労働者の心の健康の保持増進のための指針　https://www.mhlw.go.jp/houdou/2006/03/dl/h0331-1b.pdf（2022年 8 月15日閲覧）

厚生労働省（2012）．職場のいじめ・嫌がらせ問題に関する円卓会議について　https://www.mhlw.go.jp/file/05-Shingikai-11201000-Roudoukijunkyoku-Soumuka/0000165524.pdf（2022年 8 月15日閲覧）

厚生労働省（2015）．改正労働安全衛生法に基づくストレスチェック制度について　https://www.mhlw.go.jp/bunya/roudoukijun/anzeneisei12/pdf/150422-1.pdf（2022年 8 月15日閲覧）

厚生労働省（2016）．改正労働安全衛生法に基づくストレスチェック制度実施マニュアル　https://www.mhlw.go.jp/bunya/roudoukijun/anzeneisei12/pdf/

150507-1.pdf（2022年 8 月15日閲覧）

厚生労働省（2017）．ストレスチェック制度の実施状況　https://www.mhlw.go.jp/file/04-Houdouhappyou-11303000-Roudoukijunkyokuanzeneiseibu-Roudoueiseika/0000172336.pdf（2022年 8 月15日閲覧）

厚生労働省（2018）．パワーハラスメントの定義について　https://www.mhlw.go.jp/content/11909500/000366276.pdf（2022年 8 月15日閲覧）

厚生労働省（2022）．令和 3 年「労働安全衛生調査（実態調査）の概況」　https://www.mhlw.go.jp/toukei/list/dl/r03-46-50_gaikyo.pdf（2022年 8 月15日閲覧）

小坂 守孝（2019）．産業.労働分野におけるアセスメントの意義と実際　橋本 忠行・酒井 佳永（編著）公認心理師実践ガイダンス 1 心理的アセスメント（pp. 155-168）　木立の文庫

正木 澄江（2012）．職業における人間関係と自分らしさ　岡田 昌毅・小玉 正博（編著）　生涯発達の中のカウンセリングⅢ　個人と組織が成長するカウンセリング（pp. 70-73）　サイエンス社

森 啓祐（2018）．ストレスチェックにおけるセルフケア支援の実際　産業精神保健, *26*(4), 138-139.

中西 信夫（1995）．ライフキャリアの心理学――自己実現の成人期――　ナカニシヤ出版

日本産業精神保健学会（編）（2013）．リスクマネジメントとしてのメンタルヘルス対策――現場における問題解決のポイント――　公益財団法人産業医学振興財団

山田 博貴・佐倉 健史・大野 裕美・藤井 彬・西垣 範隆・木村 紫及・大庭 さよ（2018）．ストレスチェック制度における外部 EAP 機関によるストレスチェック後のフォローアップのメール相談の有効性と限界　産業精神保健, *26*(4), 153.

第13章　心理支援へのアセスメントの活用
——公認心理師としての成長のために

古 田 直 樹

> 　心理的アセスメントの目的は測定や評価にあるのではなく，対象となる人を全体性を持つ存在としてどのように理解し，支援として何が必要であるかを検討し，実際に支援にあたる人やチームに対して，具体性のあるものとして対応策を提案することにある。そのプロセスでは，アセスメント場面で見られる具体的な事象から何を抽出して記録として留め，そこから再び日常性のある提案へと具体化させて報告することが求められる。そして，そのような営みに関してフィードバックを得て自分自身のアプローチについて振り返っていくことが，心理士としての成長の糧となり，よりよいアセスメントへと循環的に発展していくのである。

1　量的分析と質的分析

1-1　数値が語るもの

　標準化の作業を経て出版されている，知能検査や発達検査といった**フォーマル・アセスメント**から導き出される知能指数や発達指数といった数値は，ある程度の測定誤差はあるとしても，統計的な妥当性を持ったものである。そして，どのような検査を行えばどのような数値が得られるのかといった情報は，インターネット上などにもあふれている。

　今日，心理検査は医療，教育，福祉など，様々な領域で用いられており，検査を活用しようというニーズも，また検査を受けようというニーズも増大して

いる。心理士はそれを実施するという大きな役割を担っているわけだが，心理的アセスメント＝数値の算出ではないことには留意しておく必要がある。心理検査を用いるときには，それは心理的アセスメントのあくまでも一部であるという認識を持ち，過度に数値化に頼ることは慎むべきである。

　たとえば，次のような事例がある（実際のケースをもとに，一部変更を加え再構成している）。療育手帳（第9章参照）の更新のための検査で来所した，障害者のための職業訓練校に通う19歳の青年だが，保護者によると，他所で毎年のように受けている**ウェクスラー式知能検査**の数値はIQ65前後であり，知的な能力はキープできていると説明を受けているということであった。しかし，**新版K式発達検査**を実施したところ，15歳ではDQ51であったのが，DQ38まで下がってしまっていた。知能検査と発達検査との数値であるので，単純な比較はできないが，どちらも標準化された検査であるのにこのようなことが起こりうるのである。

　新版K式発達検査（この時点で実施したのは2001）は，発達年齢別に328もの検査項目が系列ごとに配列されており，項目によっては3問中2問誤れば不通過となるものもあり，その場合同系列の課題はそこで中止となる。しかし，たとえばWISC-IVであれば，5〜16歳11か月までの期間を，14種類の同一の検査で評価し，5問，6問と連続して無得点でない限り検査を中止しないことになっているため，たとえ3問連続して誤っても，4問目に正解すれば先に進むことができる。繰り返す中で問われている事柄を理解できれば，その先の問いに正解して得点を伸ばすことも可能ではある。そして毎年のように受検すれば，毎回同じ順番で同じ課題を問われることになるのである。つまり，時として質的に異なることもある多様な問題に対応する力が求められる新版K式発達検査に比べ，ウェクスラー式知能検査は学習能力があれば比較的対応しやすくなっているのだといえる。

　数値というものはこのように，同じフォーマル・アセスメント間でも大きな差が出たり，同一検査の中でキープされたり，反対に極端に低下するということが起こりうる。したがって，心理検査の数値だけでその人のことを語ろうと

することには，非常に危険が伴う。まずは心理士として，その数値がどのようなプロセスで算出された数値であるかということを正しく把握しておかなければならない。

1-2　当事者の声

アセスメントの主役は，あくまでもアセスメントを受ける当事者である。アセスメントを行うにあたり，対象者を尊重することは当然のことであり，何よりも大切なことである。

先の事例の青年に現状を聞くと，「覚えることが多すぎて，訓練校がしんどい」ということであった。休日はほとんど何もする気が起きないほど疲弊しているとも語った。**樹木画**を描いてもらうと，1本線で幹を描き，その左右に枝分かれしていない同じく1本線の枝がいくつも出ており，それぞれの先に1枚ずつ葉を描いた。全体的に小さく，地面や根の表現がないために，宙に浮いて孤立しているような印象を受けた。ところが本人に感想を求めると，「勢いよく咲いているところが気に入っている」という。たしかに葉は多く描かれていても，実際にそこに至るには，地面とつながりを持ち，幹も枝もより育つ必要がある。このコメントと描画とのギャップからは，成果だけを求めて無理をしているような印象も受けた。

新版K式発達検査の9〜10歳の発達年齢の課題で，「記憶玉つなぎ」というものがある（2020では8〜9歳に変更）。これは，検査者が3種類のビーズを見本として紐に通していき，5秒間提示して記憶した後にその作業を再生してもらうという課題である。この課題では，12〜13個のビーズの配列に中央から左右対称となるようなパターンがあり，その仕組みに気づくことができれば，半分覚えただけであとは逆順に配列すれば完成することができる。しかし，そのことに気づかずすべてを順番に記憶しようとした場合，フォトメモリー（写真を撮るように一目見ただけで記憶できる能力）のような優れた同時処理の能力がなければ，短時間で全体を記憶することは困難で，後半部分で誤る結果となってしまう。この青年は，まさにそのような誤り方をしていた。

205

1-3　形式と実質

　この青年の知的な能力が本質的にキープされているのであれば，訓練校の学びがしんどいという訴えは，たんに怠けているともとられかねない。そして対策としては，もっと頑張るようにと促すこととなってしまう。同じ検査を反復して同じような数値が得られたということだけからは，そのように解釈しかねないが，心理的アセスメントを行う以上，総合的な数値を算出するだけではなく，その数値が，どのようにして得られたかという**質的分析**を行うことが求められる。生活年齢が上がっても知能指数が保たれているということは，たしかに評価点の合計は上がっているということになるが，どのような課題でどのようにして評価点が上がったのかということを分析すれば，逆にその人の変化しにくい面や，評価点が下がっていっている課題などにも着目できるはずである。おそらく，IQ65前後が保てたというのは，反復的な経験を積む中で学習できるという，本人の能力のある側面を表しているのではないかと推測される。

　一方，新版K式発達検査の実施に際しては，先に述べた「記憶玉つなぎ」課題に不通過であったとして，たんに得点に加えないというだけではなく，どのように不通過であったのかという行動観察をすることが求められる。この青年の場合，一旦対象から距離をおいて，やり方について考えるといった**メタ認知**能力に課題があるということが見て取れた。けっして怠けているわけではなく，より効率的な課題解決に向けての作戦が工夫できずに，ひたすら順番に覚えるという方策で解決しようとしていたために，能力の限界となり覚えられなかったのである。

　そこで，本人の「覚えることが多すぎて，訓練校がしんどい」という訴えの意味するところが解釈可能となってくる。おそらく訓練校においては，実際の職場で使うような技能をコツとして教え，それを実践で使えるように教育することが目的となっているのに対して，本人には何がポイントであるかを抽出することが難しく，たとえ同じようなコツを使えば応用が利くようなことでも，すべて新たな課題として覚え込むことで対処しようとして，能力を使い果たしてしまうような状態になっていたのであろう。

　DQ38 というのがこの青年のすべてを表しているわけではなく，IQ65 前後がキープできているというのもすべてではない。**量的分析**だけでなく，質的にも分析することによってはじめて，その人の実像や，現在課題となっていることに迫ることができるのである。この青年にとっては，訓練校での抽象化された学びよりも，実践の場に出て実物を通して学ぶ方が，反復することによって学習するという能力をうまく発揮できると思われ，保護者にはそのようにアドバイスをした。

2　抽象化と具象化

2-1　具体的な反応

　たとえば血液検査であれば，直接患者に接することなく，その血液だけを検査して数値を算出し，正常や異常について指摘することが可能である。しかし，心理的アセスメントのように，直接相手と対面する臨床場面では，先の「記憶玉つなぎ」の例のように，実際に課題に対する具体的な反応を観察し，たとえ不通過であったとしても，どのような形で失敗しているのかといったことを把握することが重要となる。

　同じく新版K式発達検査の1歳3か月〜1歳6か月の課題に，「2個のコップ」というものがある（2001も2020も共通）。これは，青と赤の2つのコップを伏せて，一方に犬の人形を入れた後に左右を入れ替えてから，犬はどこに行ったかと問いかけて見つけてもらうという課題であり，犬が入ったコップを取り上げるか指差せば正解とみなす。これに正答するためには，犬がどちらに隠されているかといった視覚的なイメージを保っておくことが前提条件ではあるが，入っている方を指差したのであれば，それは検査者の問いに回答していることになる。しかし，たとえば検査者の方に視線も向けずにコップを取りに行ったのであれば，視覚的な記銘力を有していることは確かであっても，たんに犬が欲しかっただけなのかもしれず，検査者の問いかけに回答したとは言い切れない。認知・適応領域に分類されている課題ではあるが，結果としては同じ通過

であっても，どのように通過したかによって，その子のコミュニケーション能力に関する評価は異なってくる。臨床場面での心理的アセスメントにおいては，その場で見られる具体的な反応をしっかりと観察し，その意味を考えることが重要となる。

2-2　抽象化のプロセス

新版Ｋ式発達検査の例が続くが，３〜３歳半の認知・適応面の課題に，「形の弁別Ⅱ10/10」というものがある（2001も2020も共通）。これは，10個の図形が描かれた図版と，その中にある個別の図形（刺激図形）を一つずつ示し，同じものを指差してもらう課題である。これには，すべて通過したものの同じ時期の課題である５つの積木を組み合わせて検査者と同じように門の形を構成する課題や，折り紙を２回，３回と折って例示したものと同じ形を作る課題などにうまく通過しない場合，**形態把握能力**の発達に比べて，**対象操作能力**の発達が未熟であるといった解釈が成り立つ。

また，７〜８歳の課題の「名詞列挙」という課題（2020では８〜９歳）では，30秒間でできるだけたくさんの果物の名称をいってもらったりするが，そこでたとえば野菜の名前などが混同する場合，**上位概念**がうまく獲得されていないことが考えられる。

新版Ｋ式発達検査の各検査課題は，検査項目ごとの年齢区分で標準化集団の50％の子どもが通過する課題が配列されており，生活年齢が上がるにつれて順調に通過していくのであれば，それはその子の全般的な発達的変化を示しているといえる。しかしそこには，必ずしも量的な連続性ではなく，発達の質的な非連続的変化が求められる課題もある。たとえば，11〜12歳の認知・適応面の課題である「釣合ばかりⅡ」（2020では10〜12歳）とは，紙面に描かれた釣合ばかりの絵を見てどちらに傾くかを予想する課題だが，ここでは重りの個数と配置との関係を同時に検討できなければ通過できない。また，同じ時期の言語・社会領域の「数学的推理Ⅰ」は文章題を読んで暗算で回答する課題だが，比例の問題などが出されており，複式の計算が求められることになる。これらの課

題に通過するためには，ピアジェ（Piaget J.）の理論で解釈するならば，具体的な出来事にもとづいた論理的思考を行う**具体的操作段階**から，思考空間内で論理的な推論を行う**形式的操作段階**への移行が求められることになる。

　子どもがそれぞれの課題を解決するうえで，どのような発達的な力が必要となるのかということを検査者が理解しておくことにより，子どもの日常場面で見られる発達的な課題が，どのような要因で生じているのかを解釈することが可能となる。そしてそのことによってはじめて，支援方法についても検討が可能となるのである。

2-3　再び具象へ

　子どもが示す課題について，抽象的な解釈をほどこしただけでは支援にはつながらない。その子どもの発達を実際に支援していく者（多くの場合は保護者）に対して，アセスメントから見出されたことにもとづいて，日常の中でどのようなことから取り組んでいけばよいのかといった具体的な提案を行い，納得してもらってこそ，実際のその子への発達支援につながるのである。

　たとえば，形態把握の力に対して対象操作の力が劣っている場合，積木のように不安定なものではなく，はめやすい大きめのブロックであれば形を構成する遊びに興味が持てるのか，あるいは，鉛筆などよりも扱いやすく，より描きやすいクレヨンのような素材があれば，形を描くことに関心が向くのかといったことについて検討するために，できれば検査後，保護者の前で実際にそのようなおもちゃを用いて検査者がかかわってみることが望ましい。そこで良い反応が得られるようであれば，保護者が子どもを育てていくうえでの大きな指針を示せるであろう。また，物の名称はある程度知っていても概念的な整理ができていないのであれば，たとえば食べられるものだけといったようにテーマを決めたしりとり遊びを提案してみることも考えられる。大人がわざと誤って食べられないものをいったときに，子どもが指摘できるようであれば，楽しみつつ子どもの認識を育てていくことができるだろう。

　しかし，具体的操作段階から形式的操作段階への移行のような質的なつまず

きがある場合，必ずしもその克服を目指すだけではなく，本章第 1 節の青年の
事例でも示したように，その人の手持ちの力をより生かすためにはどうすれば
よいかといった，現実的な検討が必要となることもある。繰り返された同一検
査の数値だけから，「知的な能力はキープできている」とみなすのは，一部分
だけをとらえた誤った抽象化である。より本質に迫るような**よき抽象化**を目指
したうえで，それにもとづき**よき具象化**を行うことが求められるのである。そ
のためには，発達理論などを学ぶことと合わせて，実際に子どもと遊ぶ経験を
重ねたり，発達支援にかかわりつつ経験値を上げていくことが求められる。

3　多職種連携と包括的アセスメント

3-1　理解の多様性

　たとえば，日常的に手元で時間を確認するために見ている腕時計やスマート
フォンを，引き出しの中など目に届かないところにしまっておいて，白い紙に
それをできるだけ克明にスケッチをしてみたとする。実際に試してみればわか
るが，細部まで正確に描くことはほとんど不可能であろう。私たちが，それら
のものを日常的に繰り返し見ているにもかかわらず，そこから得ているのは，
自分にとってその時々に必要な情報だけなのである。たとえば，待ち合わせに
遅れそうで急いでいるときであれば，約束の時間までにあと何分あるかという
ことが一番気になる。一方，待たされていたり退屈に過ごしていたりすれば，
すでにどれくらい時間が経ったかということに目が向かうだろう。私たちは，
そのように自分が置かれた状況や関心に応じて情報を得ているのである。

　したがって，たとえば支援者として子どもにかかわる経験をいくら積んだと
しても，自分の視点とはつねに限定されたものなのである。自分がかかわって
いるケースを，教師・医師・心理士などが集う事例検討会に出してみると，自
分がいかに一部分しか見ていなかったかということと同時に，子どもを理解す
る方法がいかに多様であるかということに気づかされる。たとえばプレイセラ
ピーの中で，子どもがすべり台をすべることを怖がらないように励ますために，

どのような声かけが適しているかといった場面を心理士がビデオで提示すると，教師からは周囲に誰がいて，どのような時間帯にすべり台をしているのかという質問があったり，医師からは子どもの姿勢から低緊張の傾向が見られ，不安が高いのではないかといった指摘がなされたりする。どれか１つが正解ということではなく，子どもを理解する方法は多様なのである。そこに，多職種が連携して支援にあたることの重要性がある。

3-2　包括的心理アセスメント

　どうしても自分の視点には限界はあるからといって，部分だけを把握すればそれでよいということではない。子どもを支援するにあたって，それぞれの職種が部分的な情報だけ提供して，誰かがそれを包括するというのではなく，それぞれの領域でできるだけその子の全体性に迫れるような包括的な把握を試みる必要がある。包括的にとらえることと多層的にとらえることは，けっして矛盾するものではなく，並行して行われるべきである。層を成すためには，たんなる数値といった点としての情報ではなく，包括的な面としてとらえることが不可欠である。

　そのために心理的アセスメントの場面でまずできることは，単一の検査ツールにだけ頼るのではなく，たとえば知能検査とバウムテスト（樹木画）などのように，必要と思われる**テストバッテリー**を組むことである。また，フォーマル・アセスメントで知ることができるのは，すでにその子の中で十分成熟された能力についてであり，それも検査を受ける中で，受身的に発揮されたものである。子どもの個性は，むしろ能動的な表現活動の中にこそ現れる。そのためには，描画や対話などを通して，子どもの能動性が発揮される状況を工夫することが不可欠である。さらに，必ずしも標準化された検査を使わずとも，検査者が何をとらえたいかという明確な視点を持ち，検査という特定の場面で同じ方法で定点観察を行うような，**インフォーマル・アセスメント**の中で発達特性がとらえられることもある。その他にも，たとえば検査者のうなずきがその子への励ましとして通じるかといったような，非言語的なやりとりの可能性など，

臨床場面でこそ観察可能なこともある。また，検査場面という限定された場面で見られる能力などが，実際にその子が生きる日常とどのように関係しているのかといったことを，保護者からの聴取によって把握することも重要である。

3-3　外面的理解と内面的理解

　私たちは，人の行動を見て，何をしているかは観察できても，どうしてそれをしているのかを理解することは，簡単なことではない。しかし，心理を扱うということは，「どうして」というその人の**動機**にも目を向けることが求められる。

　ある法人の講習会にて，その法人の施設に入居している利用者についてのケーススタディーを求められたことがあった。そのため，私が午前中に新版K式発達検査を実施し，その際のビデオをもとに午後から受講者に向けて講座を行うことにしたのだが，その施設の管理棟に検査用具やビデオをセットして待っていても，被検者は来なかった。しかし，支援者が検査用具の積木を借りに来て，やがて被検者を居住棟から連れて来てくれて無事に検査を行うことができた。

　被検者は，発語はほとんどなかったものの，ある程度の言語理解ができていたので，支援員は最初，「それでは積木をしましょう」と口頭で伝えた。ところが移動を拒まれたため，あらためて積木を提示すると移動できたということであった。

　このエピソードを聞くと，「視覚支援が有効であった事例」ととらえる人がほとんどであろう。しかし，その支援員がいうには，被検者と前日に居住棟から管理棟に移動する練習をしたということであった。そのときには積木を提示して伝えたが，当日は用意しなかったため，「なぜ積木がないのに積木をしにいかなければならないのだ」と疑問に思ったのだろう。そこで被検者の納得を得るために，積木を用意する必要があったということだった。

　事実がどうであったかは不明だが，どうしてその人が移動しようとしなかったのかということについて，指示が理解できなかったからではなく，指示に納

得ができなかったからだという解釈は充分に成り立つことである。筆者は，臨床的な心理アセスメントとは，**外面的な理解**にとどまらず，このように**内面的な理解**を目指すべきであると考える。

4　検査者へのフィードバック

4-1　アセスメントの明示化

医学の世界から，説明（インフォーム）にもとづく同意（コンセント）を意味する**インフォームド・コンセント**という言葉の使用が広まり，支援者には，情報を相手に正しく伝えていく技術にとどまらず，対象者がそれを理解して同意に至ることができたのかということまでが求められるようになってきている。また，情報公開の流れの中で，心理的アセスメントの結果を文書化して提示するように求められることも多くなってきている。しかし，竹内（2009）や上岡（2012）が指摘するように，心理的アセスメントの結果の伝え方や生かし方についての教育・研究はまだまだ不足している。

たとえば，心理士がアセスメント場面である子どもと対面したとしても，その子どもが実際に自分の力を生かして生活するのは，身近な周囲との関係の中である。これをブロンフェンブレンナー（Bronfenbrenner, 1979 磯貝・福富訳 1996）は**ミクロシステム**と名づけた。発達支援のためには，その子どもがどのような関係性を生きているのかということを考慮しつつ，支援の主役となる保護者等に対して何をしていくべきかということを具体的に伝えていく必要がある。

山中（2005）や，先に挙げた上岡（2012）は，検査結果を報告書として渡すことについて論じているが，それらが第三者の目にふれる可能性があることを意識しつつ，検査結果のプロフィールや具体的な数値を記すべきではないと考えている。上岡（2012）は，検査結果の提示が必要な場合は，たとえば医療者などに向けて，本人・家族向けとは別のものを作成するという。

本章第1節で事例を通して述べたように，数値だけでは何の意味もなさず，

かえって誤った解釈がなされてしまうことも充分にありうる。山中（2005）は，大切なのは所見であると述べているが，筆者は数値と合わせて明確に所見が記されていれば，数値を記載すること自体に危険性はないのではないかと考えている。WISC-Ⅳ ではその手引きの中で，専門家以外に検査用具を提示することを禁じているが，どのようなプロセスから導き出された数値であるかを明示せずに所見を述べて保護者等に理解を求めることは非常に困難であり，かえって数値だけが印象に残ることになりかねない。検査結果という数値が，どのようなプロセスから導かれたものであって，また，その結果をどのように理解したうえで具体的な提案を行っているのかということを，できるだけ保護者等に明示化し，またそれを文書化していければ，保護者等とは別のルートで心理士や教師といった専門家間が連携するのではなく，その文章を用いてたとえば保護者等が教師と話し合うといった**メゾシステム**（Bronfenbrenner, 1979 磯貝・福富訳 1996）で活用していくことが可能になるはずである。

　筆者はかつて，心理判定結果報告書を送付した保護者に向けて，アンケート調査を行ったことがある（古田，2018）。その中には，結果報告書の活用について「教師が主治医と話し合ってくれた」といったものや，「教師間の対応が統一された」といったものがあった。検査結果が〈ひとり歩き〉することを恐れるのではなく，〈ひとりで歩ける〉報告書の作成を目指すことで，メゾシステムで活用されうる可能性が確認できた。

　ただし，アンケートの中には，アセスメント自体について，「どうすべきかをまったく知らされず，どうしていいかわからなくなった」と述べ，「行かなければよかった」と記されているものもあった。実際そのケースでは，筆者としては，被検者は平均知能ではあるが発達障害の疑いがあるので，生育歴なども遡っての診断を勧めるとともに，検査結果から見られた特徴にもとづきどのような遊びに取り組めばよいかという提案も記していた。しかし，ふり返ってみて気づかされたのは，保護者が知りたかったことは発達障害の可能性があるかどうかよりも，たとえば「理由がわからないまま急に見境なく走り出したりする」といった，より具体的な状況での対処法について，ともに検討してほし

かったのではないかということであった。必ずしも誰もが数値や診断名が知り
たいということではなく，まずは日常場面で困っていることへの具体的な対処
法を知りたいという切実なニーズもあり，それを尊重しなければ，いくら検査
者の技術や知識を動員したとしても，実際にその子の支援には活用されないと
いうことも起こるのだということをあらためて教えられた。

4-2　心理士としての成長

　子どもは，言葉を発したり何かを作り上げたりといった**自己表現活動**を盛ん
に行うが，そのためには表現の受け手の存在が重要となる。受け手から**フィー
ドバック**を得ることによって，自分自身のことを客観視することができ，それ
によって自己形成が促されていくのである。

　心理的アセスメントという活動もまったく同様に，自分が行った見立てを明
示化して表現し，またそれに対するフィードバックを得てこそ磨き上げられて
いくものである。アセスメントの結果を，他の専門家に伝達するだけで自分が
直接支援にかかわらないのであれば，何のフィードバックも得ることはできず，
進むべき方向性を見出すことは不可能である。たとえ検査者が直接支援にかか
わらなくても，自分自身の行ったアセスメントを事例検討会などで発表してい
けば，より多面的な理解の方法について，多くの示唆を得ることができるだろ
う。心理士としての成長には，フィードバックを得ることが不可欠なのである。

❖考えてみよう
・標準化されたフォーマル・アセスメントを用いることの利点と注意点はどうい
　うことだろうか。
・包括的な心理アセスメントを実践していくうえで重要なことは何だろうか。
・心理士として成長していくために大切にしなければならないことは何だろうか。

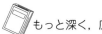 もっと深く，広く学びたい人への文献紹介
　田中　康雄（2011）．発達支援のむこうとこちら　日本評論社
　　　☞専門家が問題点を見つけて取り除くという単純な医学的モデルではなく，

　　　何らかの生きづらさを抱えつつも生きていこうとする人々を支援するというのはどういうことなのかということを，実践の中で問い続けつつ，日々を生き抜く喜びを見出そうとしている書。

山上　雅子・古田　直樹・松尾　友久（編著）（2014）．関係性の発達臨床──子どもの〈問い〉の育ち──　ミネルヴァ書房

　　　☞心理的アセスメントは，基本的に子どもに問うことによってその子のことを理解しようとするが，子ども自身の問いを受けとめられれば，その子がどのような子であって，何を知りたがっているかということが直接明らかになり，また正しい支援の方向性も見出しやすい。ただし，子どもの問いは必ずしも明確な言語表現とはならず，遊びの中であったり身体表現の中に見出されることもある。本書では，支援的なかかわりの中でいかにして子どもの問いを受けとめるかを問うている。

引用文献

Bronfenbrenner, U. (1979). *The ecology of human development: experiments by nature and design*. Cambridge, MA: Harvard University Press.
　　（ブロンフェンブレンナー, U.　磯貝　芳郎・福富　譲（訳）（1996）．人間発達の生態学（エコロジー）──発達心理学への挑戦──　川島書店）

古田　直樹（2018）．発達障害児と保護者を支える心理アセスメント──「その子のための支援」をめざして──　ミネルヴァ書房

竹内　健児（2009）．事例でわかる心理検査の伝え方・生かし方　金剛出版

上岡　千世（2012）．心理検査──結果の有効活用と伝え方──　児童青年精神医学とその近接領域, *53*(3), 316-320.

山中　克夫（2005）．当事者である本人やその家族に対する知能検査の結果報告の在り方──実際に報告を行った事例をもとに──　筑波大学学校教育論集, *27*, 35-44.

索　引

索　引

《監修者紹介》

川畑直人（かわばた　なおと）

京都大学大学院教育学研究科博士後期課程中退　博士（教育学）
William Alanson White Institute, Psychoanalytic Training Program 卒業
公認心理師カリキュラム等検討会構成員，同ワーキングチーム構成員
公認心理師養成機関連盟　理事・事務局長
現　在　京都文教大学臨床心理学部　教授　公認心理師・臨床心理士
主　著　『臨床心理学——心の専門家の教育と心の支援』（共著）培風館，2009年
　　　　『対人関係精神分析の心理臨床』（監修・共著）誠信書房，2019年　ほか

大島　　剛（おおしま　つよし）

京都大学大学院教育学研究科修士課程修了
17年間の児童相談所心理判定員を経て現職
現　在　神戸親和大学文学部　教授　公認心理師・臨床心理士
主　著　『発達相談と新版K式発達検査——子ども・家族支援に役立つ知恵と工夫』（共著）明石書
　　　　店，2013年
　　　　『臨床心理検査バッテリーの実際』（共著）遠見書房，2015年　ほか

郷式　　徹（ごうしき　とおる）

京都大学大学院教育学研究科博士後期課程修了　博士（教育学）
現　在　龍谷大学文学部　教授　学校心理士
主　著　『幼児期の自己理解の発達——3歳児はなぜ自分の誤った信念を思い出せないのか？』（単
　　　　著）ナカニシヤ出版，2005年
　　　　『心の理論——第2世代の研究へ』（共編著）新曜社，2016年　ほか

《編著者紹介》

大島　　剛（おおしま　つよし）
　　＊監修者紹介参照

青柳寛之（あおやぎ　ひろゆき）

京都大学大学院教育学研究科博士後期課程　単位取得満期退学　修士（教育学）
現　在　甲子園大学心理学部　教授　公認心理師・臨床心理士
主　著　『風土臨床——沖縄との関わりから見えてきたもの』（共著）コスモス・ライブラリー，
　　　　2006年
　　　　『自己心理学の臨床と技法——臨床場面におけるやり取り』（共訳）金剛出版，2006年

《執筆者紹介》

青柳寛之（あおやぎ　ひろゆき）編者，第1章
　　甲子園大学心理学部　准教授　公認心理師・臨床心理士

安村直己（やすむら　なおき）第2章
　　甲子園大学心理学部　教授　公認心理師・臨床心理士

森田　慎（もりた　しん）第3章
　　帝塚山学院大学人間科学部　教授　公認心理師・臨床心理士

大島　剛（おおしま　つよし）編者，序章，第4章
　　神戸親和大学文学部　教授　公認心理師・臨床心理士

坂田浩之（さかた　ひろゆき）第5章
　　大阪樟蔭女子大学学芸学部　教授　公認心理師・臨床心理士

榮阪順子（えいさか　じゅんこ）第6章
　　特定医療法人大慈会三原病院心理療法室　公認心理師・臨床心理士

小海宏之（こうみ　ひろゆき）第7章
　　花園大学社会福祉学部　教授　公認心理師・臨床心理士・臨床神経心理士

小辻希世子（こつじ　きよこ）第8章
　　公益財団法人浅香山病院臨床心理室　公認心理師・臨床心理士

和田野飛鳥（わだの　あすか）第8章
　　社会医療法人生長会ベルランド総合病院臨床心理室　公認心理師・臨床心理士

伏見真里子（ふしみ　まりこ）第9章
　　岡山県津山児童相談所　所長　公認心理師・臨床心理士

林　郷子（はやし　きょうこ）第10章
　　奈良大学社会学部　教授　公認心理師・臨床心理士

坂野剛崇（さかの　よしたか）第11章
　　大阪経済大学人間科学部　教授　公認心理師・臨床心理士

坂中尚哉（さかなか　なおや）第12章
　　香川大学医学部　准教授　公認心理師・臨床心理士

古田直樹（ふるた　なおき）第13章
　　茨木市こども健康センター　臨床心理士・臨床発達心理士

公認心理師の基本を学ぶテキスト⑭

心理的アセスメント
──適切な支援のための道しるべ──

2023年9月30日　初版第1刷発行　　　　　〈検印省略〉

定価はカバーに
表示しています

監修者　川畑直人・大島剛・郷式徹

編著者　大島剛・青柳寛之

発行者　杉田啓三

印刷者　田中雅博

発行所　株式会社　ミネルヴァ書房
607-8494　京都市山科区日ノ岡堤谷町1
電話代表　(075)581-5191
振替口座　01020-0-8076

ISBN978-4-623-08715-0
Printed in Japan

公認心理師の基本を学ぶテキスト

川畑直人・大島　剛・郷式　徹 監修

全23巻

A 5 判・並製・各巻平均220頁・各巻予価2200円（税別）・＊は既刊

ミネルヴァ書房

https://www.minervashobo.co.jp/